LES
MYSTÈRES
DE LONDRES

PAR

SIR FRANCIS TROLOPP.

II

PARIS,
AU COMPTOIR DES IMPRIMEURS-UNIS,
QUAI MALAQUAIS, 15.

1844

LES

MYSTÈRES

DE LONDRES.

Ce roman ne pourra être reproduit qu'avec l'autorisation de l'éditeur.

Paris. — Imprimerie de BOULÉ et C*ⁱᵉ*, rue Coq-Héron, 3.

LES
MYSTÈRES
DE
LONDRES

PAR

SIR FRANCIS TROLOPP.

II

PARIS,
AU COMPTOIR DES IMPRIMEURS-UNIS,
QUAI MALAQUAIS, 15.

1844

PREMIÈRE PARTIE.

LES GENTILSHOMMES DE LA NUIT.

IX

LE CENTRE D'UNE TOILE D'ARAIGNÉE.

Stephen Mac-Nab fut comme étourdi par la pensée qui venait de traverser son esprit. Son caractère était de ceux auxquels le soupçon vient aisément, et qui n'abandonnent point facilement le soupçon une fois conçu.

Mais ce soir, le premier vent d'amour qui soufflait sur son âme donnait un autre cours à ses idées. Il soupirait autant qu'un tome entier de Richardson ou qu'un lecteur endurci de miss Maria Porter. Or, les soupirs, ceci est fort connu et joli, amollissent les soupçons comme les premiers zéphirs fondent les frimas des prairies.

— Je suis fou! reprit-il après quelques minutes de silence; — elle est pure comme les anges dont elle a la beauté... Ah! je souffre bien!... Il faut que je voie le pauvre Frank. Nous nous plaindrons ensemble, si nous ne pouvons mutuellement nous consoler.

Il y avait plus d'un an que Stephen n'avait vu Frank. Encore, la dernière fois qu'ils s'étaient rencontrés, ç'avait été une entrevue courte, une causerie frivole. Ils étaient alors heureux tous les deux et tous les deux insoucians. Récemment, Stephen avait appris par hasard une partie des bruits qui couraient sur miss Mary Trevor. Il savait que, dans des cercles bien informés d'ordinaire, on parlait de son mariage prochain avec le fameux marquis de Rio-Santo comme d'une chose certaine et presque faite. C'était à cette circonstance qu'il avait fait allusion dans son entretien avec mistress Mac-Nab.

Frank et lui étaient donc désormais dans cette situation qui rend l'amitié doublement précieuse et fait des mutuels épanchemens un impérieux besoin. Aussi Stephen attendait-il le lendemain avec impatience. La joie qu'il éprouvait à la pensée de revoir Frank étouffait un peu la voix de sa souffrance.

Il n'alla point au bal de Trevor-House.

Le lendemain, il se leva, souffrant encore, mais plus calme. Il y a toujours de la ressource chez ces caractères positifs qui n'attisent point soigneusement la cuisante brûlure de leurs peines, qui ne se complaisent pas plaintivement en leurs douleurs, et ne demandent qu'à être consolés.

Stephen avait passé tant bien que mal sa première nuit de martyre d'amour ; il n'avait aucune espèce d'envie de recommencer et se promettait bien de clore brusquement ce chapitre d'incertitudes et de doutes en demandant une explication à Clary Mac-Farlane. C'est ce qui s'appelle aller droit au but. Si tous les amoureux prenaient cette route bourgeoisement logique, aucun roman n'atteindrait la fin de son premier volume.

Ce qui serait une publique calamité.

Au déjeûner de famille, Clary était distraite et comme absorbée par de tyranniques pensers. Stephen ne manqua point de le remarquer; mais il se contint et résolut d'attendre l'avis de Frank pour frapper le coup décisif.

Anna, au contraire, était joyeuse, et adressait à son cousin qui n'y prenait point garde, les naïfs élans de sa reconnaissance. La pauvre enfant avait la ferme croyance que Stephen s'était privé du plaisir du bal pour l'amour d'elle, et ne savait point dissimuler son contentement.

Tout de suite après le déjeûner, et tandis que le thé fumait encore sur la table, Clary s'esquiva. Nous savons où elle se rendit ainsi. — Ce fut derrière le rideau qui, demi-soulevé, permettait à son regard de plonger dans le salon de la maison carrée, de l'autre côté de Cornhill. Clary venait là tous les jours. Elle y venait bien souvent en vain, car les apparitions qu'Edward faisait en ses bureaux étaient courtes et peu fréquentes. Mais elle ne se lassait point d'y venir.

Ce jour-là, elle y trouva ce qu'elle y cherchait.

Nous n'essaierons point de peindre les impressions profondes et multiples qui se succédèrent dans l'esprit de la jeune fille, tant que dura sa muette contemplation. C'était à cette place qu'elle avait vu Edward pour la première fois ; c'était à cette place qu'elle venait l'attendre chaque jour ; c'était à cette place qu'elle souffrait, qu'elle était heureuse, qu'elle avait appris à aimer...

Elle restait là, charmée, sans s'apercevoir du passage des heures. Lorsque Edward, guidé par le geste de Bob-Lantern, jeta les yeux vers elle, son cœur fut pris d'une émotion douce et poignante à la fois. Elle eut froid; ses jambes fléchirent, puis un flot de sang brûlant roula le long de ses veines jusqu'à sa joue, qui devint pourpre. Sa main lâcha le rideau.

Elle demeura long-temps ainsi, honteuse, émue jusqu'à la détresse, heureuse jusqu'au transport, derrière le faible écran de mousseline qui la protégeait contre la fascination commencée. Elle avait grand désir de soulever encore la draperie, mais elle avait remords aussi de l'avoir soulevée déjà, et peur et pudeur. — Et puis encore, la voix jusque-là si respectueusement écoutée de sa craintive dévotion, lui criait : — Arrête!

Pauvre fille !

L'amour était à l'autre oreille, l'amour puissant, éloquent, irrésistible ! Nous ne savons ce qu'il disait, mais, quoiqu'il parlât tout bas, sa douce voix couvrait la voix menaçante de la conscience.

Clary avança timidement sa main blanche et déliée, puis elle la retira, puis elle l'avança encore. Le rideau se souleva de nouveau, mais si peu !... Ce fut assez. Elle put voir celui dont la pensée emplissait sa vie. L'œil d'Edward, distrait et nageant dans le vide, ne cherchait plus la fenêtre. Alors Clary eut moins peur et reprit sa position première.

Au bout de quelques minutes, ce qu'elle

aurait pu prévoir, ce qu'elle désirait peut-être, arriva. La rêverie de M. Edward prit fin et son œil revint naturellement caresser la fenêtre.

Oh! nous pouvons l'affirmer, Clary eut le dessein de se cacher encore. Elle tira brusquement la mousseline, mais la mousseline s'accrocha; un obstacle quelconque, une épingle oubliée sans doute, l'empêcha de tomber, — et la jeune fille resta sans voile en face du beau rêveur qui la contemplait passionnément.

— Clary! cria la voix de mistress Mac-Nab à l'intérieur.

Clary n'entendait pas.

Edward mettait dans son regard d'enivrantes paroles. Muet, il disait : je vous aime, plus tendrement que n'eût pu faire sa voix.

— Clary ! s'écria Stephen à son tour.

Clary n'entendait pas. — Sa tête se perdait ; son cœur s'élançait vers Edward, qui suppliait du geste maintenant et semblait demander pitié.

Deux larmes tremblèrent aux cils de la jeune fille et tombèrent brûlantes sur sa joue.

— Il m'aime, mon Dieu ! murmura-t-elle.

Edward, qui voyait sa victoire, posa sur sa bouche ses doigts réunis en faisceau et jeta un baiser à travers la rue.

Cette fois l'épingle fut impuissante à retenir le rideau. Clary s'offensa. Le rideau tomba.

Au même instant, deux portes qui donnaient entrée dans la chambre de la jeune fille s'ouvrirent brusquement.

— Clary! Clary! crièrent à la fois mistress Mac-Nab et Stephen qui entraient en même temps.

Clary trembla comme notre mère Eve surprise par le Sauveur.

— Que faites-vous là, mon enfant? demanda mistress Mac-Nab avec douceur; — il y a cinq minutes que je vous appelle!

— Il y a donc ici quelque chose de bien intéressant, miss Clary, dit sévèrement Stephen, — pour que vous n'ayez entendu ni ma voix ni la voix de ma mère?...

La jeune fille balbutia et ne sut point répondre. Stephen, qui avait toujours en tête ses soupçons jaloux, s'élança vers la fenêtre et fit mine de soulever le rideau. Clary voulut l'arrêter d'un geste suppliant, mais Stephen ne tint compte de cette muette prière, et la draperie glissa en grinçant sur sa tringle.

Clary, Stephen et mistress Mac-Nab plongèrent à la fois leurs regards au dehors.

Il n'y avait plus personne aux fenêtres du premier étage de la maison carrée, dont chaque croisée montrait, closes, les doubles draperies de ses rideaux de soie.

Clary respira longuement, et Stephen refoula une exclamation de dépit. Quant à mistress Mac-Nab, il fallait pis que cela pour troubler son éternelle quiétude.

Edward avait quitté sa place au moment où Clary s'était de nouveau cachée derrière son rideau. Il se leva de l'air d'un homme que le jeu commence à fatiguer, et tira le cordon d'une sonnette.

— Le petit nègre parut aussitôt.

— Va frapper sur le gong du salon du centre, dit-il.

— Combien de coups, maître?

— Cinq coups.

Le petit nègre sortit par une porte autre que celle qui avait donné entrée à Bob-Lantern.

Quelques secondes après, on entendit cinq coups sourds et prolongés retentir dans la direction suivie par le petit nègre. M. Edward prit la même route et sortit du boudoir.

Il pénétra dans un salon de forme ronde, qui, autant qu'on pouvait s'orienter, tenait exactement le milieu de la maison carrée. Ce salon n'avait point de fenêtres et s'éclairait, à cette heure de midi, par un lustre allumé.

En revanche, il avait six portes, dont cinq donnaient immédiatement sur des escaliers en spirale. C'était par la sixième que M. Édward avait pris entrée.

A son arrivée, le gong promenait encore le long des lambris sonores ses profondes et onduleuses vibrations. Le salon était désert.

Cinq chaises et un fauteuil étaient rangés autour d'un vaste poêle, dont les bouches, ouvertes, échauffaient le salon de leurs brûlantes haleines.

M. Edward se jeta nonchalamment sur le fauteuil.

Presque au même instant, les cinq portes s'ouvrirent. Les deux premières, percées dans la direction de Cornhill donnèrent passage à une dame fort richement parée et à un gentleman de fashionable tournure. La troisième, qui tournait du côté de Finch-Lane, servit de chemin à un monsieur de mine bien honnête, vêtu en négociant de bon lieu et se présentant comme il faut. Par la quatrième s'introduisit un petit homme tout jaune et tout maigre, dont le costume rapé s'usait à l'anguleux contact de ses jointures pointues.

La cinquième porte enfin donna passage à M. Smith, paré de ses lunettes vertes et de son vaste garde-vue.

La belle dame venait des somptueux magasins des costumes de Cornhill, dont elle était souveraine et maîtresse, sous le nom de mistress Bertram.

Le gentleman, M. Falkstone, était son voisin, le bijoutier.

Le monsieur à prestance honnête tenait la boutique de changeur dans Finch-Lane. C'était M. Walter.

Le quatrième enfin n'était rien moins que le vieux Peter Practice, ancien *attorney* (procureur) ruiné, lequel trônait dans la poudreuse et sombre boutique de brocanteur qui venait, aussi sur Finch-Lane, après l'*exchange-office*.

De ces cinq personnages, mistress Bertram et Peter Practice étaient les seuls qui montrassent leurs visages tels que la nature les avait faits. C'était tant pis pour le vieux procureur, qui avait la laide mine d'un usurier retors et déhonté, mais c'était tant mieux pour mistress Bertram, laquelle était belle encore, bien qu'elle eût franchi dès longtemps les limites de la première jeunesse.

Les trois autres portaient de ces sortes de masques permis par notre civilisation. Ainsi, M. Smith avait son garde-vue ; M. Walter, le changeur, partageait avec lui le bénéfice des lunettes vertes, auxquelles il joignait une perruque noire qui ne laissait pas de contraster un peu avec le ton blanchâtre du duvet de sa joue aux endroits où ne passe point le rasoir ; M. Falkstone, le brillant bijoutier, avait au contraire la joue bleue, ce qui ne l'empêchait point de porter de jolies moustaches blondes et une chevelure de la même couleur, admirablement frisée.

En somme, tout ceci pouvait être fort innocent. M. Smith avait peut-être la vue faible ; M. Walter avait sans doute appris dans Byron à chérir les brunes chevelures ; quant à M. Falkstone et à sa fourrure d'emprunt, nous dirons que tous les coiffeurs de Londres déposeraient instantanément leurs bilans s'il n'était plus loisible aux jeunes dandys du commerce de se teindre la chevelure et la moustache.

Quoi qu'il en soit, les cinq nouveau-venus s'avancèrent d'un pas discret vers M. Edward et le saluèrent respectueusement.

Edward toucha la main de mistress Bertram et fit aux autres un signe de tête protecteur.

Mistress Bertram s'assit. Les quatre hommes restèrent debout jusqu'à ce qu'un geste royal d'Edward leur eût donné licence de prendre des siéges.

Ah! si mistress Brown, mistress Black ou mistress Crubb avaient pu glisser un œil curieux au trou de quelque serrure, comme elles eussent appelé à grandes et glapissantes clameurs mistress Dodd et mistress Bull! comme elles en eussent conté à mistress Foote! comme elles eussent rendu jalouses mistress Crosscairn et même mistress Bloomberry!

Un silence de quelques minutes régna dans le singulier et mystérieux congrès. M. Edward s'était renversé sur son fauteuil et semblait avoir mis en oubli la présence de ses partners. Ceux-ci se taisaient et attendaient.

Enfin, M. Edward mit la main au gousset dont il retira une montre splendide, enrichie de diamans.

— Midi et demi! murmura-t-il. — Vais-je bien, Falkstone?

— Vous allez parfaitement, monsieur.

Peter Practice atteignit une montre d'argent, large et dodue, qu'il mit à l'heure de M. Edward.

— Si je vais bien, reprit ce dernier, je n'ai pas beaucoup de temps à vous donner... Venons tout de suite au fait : J'ai besoin de dix mille livres.

— Dix mille livres ! répéta Peter Practice en serrant convulsivement le large ventre de sa montre d'argent.

— Dix mille livres ! répétèrent en chœur le changeur, le bijoutier, M. Smith et mistress Bertram.

— Pour ce soir, ajouta froidement M. Edward.

Toutes les têtes se baissèrent à la fois.

— Monsieur Walter, reprit encore Edward, pouvez-vous me les compter sur-le-champ ?

— Je le puis, monsieur, mais...

— Mais quoi ?

— En la monnaie que vous savez.

— Je n'en veux pas... Et vous, Falkstone ?

— Les affaires languissent déplorablement, monsieur.

— Et vous, Fanny ? interrompit Edward avec impatience, en s'adressant à mistress Bertram.

— Ma caisse est à votre disposition, monsieur, répondit la belle marchande ; — mais il s'en faut de beaucoup que cette somme s'y trouve.

— Je prendrai ce qu'il y a, Fanny... Vous êtes une bonne et charmante fille... Et vous, maître Practice?

— Je dirai à Votre Honneur, répondit l'ancien attorney; — je lui dirai clairement et sans ambages, je lui dirai ce que lui a dit mon honorable voisin, M. Falkstone : les affaires languissent ; elles languissent déplorablement ; j'ajouterai même qu'elles ne vont pas du tout.

— Et la conclusion, maître Practice?

L'ancien procureur ouvrit par trois fois la bouche avant de prononcer la réponse suivante :

— Ma caisse, — telle qu'elle est, — et Dieu sait qu'elle n'est pas opulente, — mais enfin elle est ainsi, — est à la disposition de Votre Honneur.

M. Edward réfléchit durant une minute.

— Quant à vous, Smith, dit-il ensuite, je sais ce que vous avez... Pardieu! messieurs, vous vous endormez, sur ma parole! Chaque fois que je vous demande une misère...

— Dix mille livres! soupira Peter Practice.

— Vous poussez d'interminables hélas! poursuivit Edward. Ceci est intolérable!.... Vous laisse-t-on manquer de marchandises? N'avez-vous pas une part raisonnable? La police vous inquiète-t-elle? Tout le fashion de Londres n'a-t-il pas appris la route de vos magasins? — Et à qui devez-vous tout cela, s'il vous plaît? Marchandises, sécurité, vogue, c'est moi qui vous donne tout, et vous semblez hésiter à me satisfaire?

— A Dieu ne plaise! dit Falkstone.

— Vous savez bien, monsieur, que je suis toute à vous, murmura mistress Bertram.

— Vous, Fanny, je le crois; et je vous remercie... Mais ces messieurs...

— Nous sommes prêts, interrompit Falkstone.

— Je suis prêt, appuya Peter Practice, qui ajouta entre ses dents : — Mais je proteste en la forme due, déclarant agir *tanquam coactus* (1), et non pas autrement, — dont acte, sous toutes réserves.

— A la bonne heure, reprit Edward en se levant. Je compte sur vous, pour ce soir..... Comptez sur moi vous-mêmes et ne craignez rien. Je suis entre vous et la gêne comme entre vous et le danger. Adieu, Fanny.

Mistress Bertram repassa la porte par où elle était venue et qui conduisait à l'une des boutiques du rez-de-chaussée, la cinquième communiquant avec les bureaux Edward and C°.

— Avez-vous quelque chose à me dire, Falkstone? demanda Edward.

---

(1) Comme contraint et forcé.

— Votre affaire de cette nuit?... répondit le bijoutier en souriant.

— Comme toujours, Falkstone, comme toujours... Celui-là ne nous inquiètera pas de long-temps !

— C'est au mieux !... à qui remettrai-je mon contingent de fonds ?

— Comme d'habitude, à mistress Bertram.

Falkstone salua et sortit.

— Mauvaises nouvelles, monsieur, dit le changeur Walter dès qu'il fut seul avec Smith et Edward; on m'a refusé hier trois de nos bank-notes et des bruits inquiétans commencent à courir dans la Cité.

— Que dit-on?

— On ne dit rien de précis, mais chacun entre en défiance ; on ne prend plus une malheureuse bank-note de cinq livres sans la retourner vingt fois en tous sens.

— N'aie pas peur, Walter, mon ami, dit Edward en souriant ; — sous peu je te donnerai des bank-notes que personne ne refusera... Va.

Le changeur, personnage posé s'il en fut, traversa le salon à pas comptés et disparut par la porte qui s'ouvrait sur l'escalier de sa boutique.

Smith fit doucement le tour du salon et

entr'ouvrit toutes les portes pour voir s'il ne restait point d'indiscret écouteur. Cela fait, il revint vers Edward.

— Ami Smith, lui dit ce dernier, il faut être prudent à l'avenir et ne jouer du pistolet qu'à la dernière extrémité. C'est une arme bavarde et nous ne sommes pas ici dans notre paradis terrestre du Teviot-Dale... Mais c'est assez parler sur ce sujet : j'ai vu par moi-même que tu étais serré de près... J'espère que nos hommes n'en sont pas encore à refuser nos bank-notes ?

— C'est selon, répondit M. Smith ; nos fournisseurs, — il appuya sur ce mot en souriant, — prennent tout sans défiance, mais vos anciens gardes-du-corps du pays que vous venez de nommer ne veulent que de l'or... Ce sont d'intraitables coquins!

— Je les aime comme cela... Dis-moi... et l'affaire de Prince's-Street (1)?

— J'y suis allé ce matin, Paddy pousse son géant tant qu'il peut. Il le gorge de bœuf, il le sature de gin, et le géant travaille plus que quatre hommes robustes ne pourraient le faire; mais il s'épuise...

— C'est bien long! dit Edward avec un soupir de dépit.

— Prince's-Street a quarante pieds de large! répliqua Smith, et notre éléphant creuse à

---

(1) Rue qui longe la Banque (*Bank*).

vingt pieds de profondeur... encore une huitaine, le géant crèvera comme un bœuf, mais le boyau sera fait.

— Dieu t'entende, bon Smith ! alors ta caisse sera une vérité...

M. Edward repoussa son fauteuil et mit ses doigts blancs dans une paire de gants parfumés.

— Adieu ! dit-il ; veille à ce que ce vieux Peter Practice s'exécute pour ce soir... Chaque fois qu'on lui demande mille guinées ou quelque chose comme cela, son cœur se fend.

M. Edward prit l'escalier qui conduisait chez le bijoutier Falkstone, et y demeura quelques minutes comme pour marchander et choisir des joyaux; puis, sortant comme un acheteur qui a fait ses emplettes, il franchit le marchepied d'un magnifique équipage, attelé de deux chevaux, dont les pareils ne se fussent peut-être point trouvés à Londres, — fût-ce même dans les écuries sans rivales du marquis de Rio-Santo.

A peine était-il étendu sur les coussins, que l'équipage partit au galop, brûlant le pavé dans la direction des parages fashionables du West-End.

I

FAITS ET GESTES DE BOB-LANTERN.

En sortant de la maison Edward and C°, Bob-Lantern joua des jambes et des coudes le long du boueux trottoir de Cheapside et remonta vers le quartier Saint-Giles. Cet honnête et digne garçon poussait très fort les enfans et mettait ses coudes noueux dans la poitrine des femmes ; mais si quelque gentleman lui barrait le passage, il se hâtait de faire un circuit ou de s'effacer de son mieux. Telle est la chevaleresque coutume des bonnes gens de Londres.

Bob-Lantern rasait les maisons et perçait le brouillard avec une agilité que ne semblaient point promettre ses formes disgracieuses et l'apathie ordinaire de ses mouvemens. Il eut bientôt franchi l'espace qui sépare Cornhill du fangeux labyrinthe qui porte le nom de Saint-Giles, et enfila une ruelle étroite et tortueuse où l'air s'épaississait, où le brouillard se faisait si lourd et si opaque qu'on voyait à peine devant soi, bien qu'il ne fût guère que midi.

Il poussa une porte de bois, dont les planches vermoulues et comme pulvérulentes se reliaient par des crampons de fer rouillé.

La maison où il entrait ainsi, comme presque toutes celles de cet immonde quartier, n'avait qu'un étage. Bob Lantern ne demeurait point au rez-de-chaussée; il n'habitait point non plus le premier : l'escalier qu'il prit fut celui de la cave.

À mesure qu'il descendait, une atmosphère chaude et pesante l'enveloppait; des miasmes fétides emplissaient sa poitrine. Un autre eût été révolté, peut-être suffoqué; mais Bob-

Lantern accueillit ces exhalaisons comme un cheval accueille la bonne odeur de l'écurie. Il poussa un grognement de bien-être, tâta sa poche pour s'assurer que son pécule avait résisté aux dangers du voyage, et souleva le loquet d'une porte en plein-cintre qui donnait entrée dans une manière de cellier chauffé à trente degrés centigrades par un poêle en fonte rempli de coke incandescent.

— Dieu me pardonne, Tempérance, dit-il en entrant, tu te brûles comme une vieille damnée que tu es.

Personne ne répondit. — Le poêle, rouge, ronflait comme un soufflet de forge.

—Tempérance ! reprit Bob-Lantern ; Tempérance ! fille de Satan, me répondras-tu ?

Un ronflement humain se mêla au ronflement du poêle, et une voix grondeuse prononça ces mots avec le lourd bégaiement du sommeil :

— Encore un verre, mistress Goose; le gin est bon, et c'est le vieux Bob qui paie.

Lantern bondit comme un tigre vers l'endroit de la cave où la voix s'était fait entendre. Un instant il disparut dans la profonde obscurité qui régnait partout où ne frappait point la lueur rougeâtre sortant de la porte du poêle, puis il revint traînant après soi un objet inerte, une sorte de paquet massif et d'un considérable volume.

Arrivé auprès du poêle, il lâcha prise. Le paquet s'affaissa immobile.

— Elle est ivre comme un tonneau de porter ! s'écria-t-il avec colère. — Tempérance ! sorcière maudite ! Tempérance !

Tempérance, — c'était le nom du paquet, — ne bougea pas.

— Dieu me damne, reprit Bob ; elle ne peut pas rester ici... je saurai bien l'éveiller, peut-être.

Il saisit le tisonnier brûlant et l'approcha des narines de Tempérance qui tressauta violemment et se dressa, chancelante, sur ses pieds.

C'était une grande et forte femme de quarante ans, dont le teint ardent et les yeux rougis accusaient la passion favorite.

— J'ai soif ! dit-elle d'une voix rauque en abaissant sur Bob son regard hébété.

— Ah ! tu as soif, éponge ! riposta celui-ci qui brandit son tisonnier ; — tu as soif !... Quand je travaille toute la journée pour gagner quelques misérables pences, tu as soif, tu bois et tu t'enivres... Dieu m'écrase, Tempérance, quelque jour, je te briserai la tête contre le mur.

Malgré l'énergie brutale de ces menaces, il y avait de la tendresse dans la voix de Bob, tandis qu'il parlait ainsi.

— Eh ! là ! là ! mon joli Bob, répartit la grande femme, — un verre de plus, un verre de moins... Pardieu ! vois-tu, le gosier me brûle...

— Du gin plein l'estomac, du coke plein le poêle... me crois-tu donc riche pour aller de ce train-là, femme ?

Tempérance avait fait machinalement le tour du poêle et s'était approchée d'une table où il y avait un verre et une cruche de genièvre, tous deux vides.

—Pas une goutte ! grommela-t-elle avec dépit. — Mon joli Bob, n'as-tu pas dans ta poche quelque demi-couronne pour faire plaisir à ta petite femme ?

— Une demi-couronne, damnée ! C'est le gain d'un homme pour huit heures de travail. Tu me ruineras...

— J'ai soif ! interrompit Tempérance, qui

s'était accroupie derrière le poêle et commençait à se rendormir.

— Il faut pourtant que je la renvoie! murmura Bob ; si elle savait... Femme, ajouta-t-il tout haut, je veux que le diable m'emporte si je puis te rien refuser... Tiens, voilà six pences... va boire.

— Six pences !... Mon joli Bob, encore six autres !

Lantern fronça ses sourcils fauves et leva son tisonnier d'un air menaçant. Tempérance, à qui l'idée de humer deux ou trois verres de gin rendait des jambes, déguerpit et remonta l'escalier en chantant.

Lantern la suivit doucement jusqu'à la

porte de la rue, qu'il referma derrière elle. Cela fait, il revint en son réduit, dont il barricada soigneusement la porte.

—Est-il possible, murmura-t-il en allumant une lampe au feu du poêle, — qu'un bijou de femme comme cela ait des goûts de dépense semblables... Cinq pieds six pouces!... et des couleurs!... On ferait tout le quartier Saint-Gilles, et Holborn, pardieu! et Cheapside, ma foi!... et Cornhill!... et Whitechapel, ou le diable m'étrangle par dessus le marché, sans trouver sa pareille... Je souhaite que le tonnerre me brûle s'il n'y a pas bien des lords qui la voudraient pour lady... A propos de lord, ma course d'hier soir pourra servir à deux fins... Le comte est un fier donnaisseur, et cette petite quêteuse est bien la plus gentille fillette... pas pour moi : je préfère les femmes de taille ; mais pour les gentlemen qui aiment à promener des maîtresses de cinq pieds... Cinq pieds !

Lantern haussa les épaules et se dirigea vers un des angles de sa cave.

— De sorte que, poursuivit-il, le comte de White-Manor mordra comme il faut à l'hameçon... C'est une cinquantaine de guinées, — l'un dans l'autre, — que me vaudra cette colombe méthodiste... peut-être davantage... ça tombera bien ! la vie est durement chère et Tempérance boirait la Tamise... Il faut dire qu'elle a des qualités...

Il tâta l'une des pierres de la muraille, qui céda sous la pression de son doigt.

— Et cinq pieds six pouces ! ajouta-t-il, et même une idée de plus.

La pierre, sollicitée par sa base, bascula et tomba, laissant à découvert un trou large et profond. Lantern y plongea son regard. Il ne parlait plus. Une joie avide et passionnée faisait scintiller ses petits yeux, derrière les poils recourbés de ses sourcils.

Il posa la lampe allumée par terre et s'en fut écouter à la porte.

Puis, en deux sauts, il regagna son trou et y jeta ses deux mains convulsivement ouvertes. Tout son corps eut un frémissement et le trou rendit un bruit d'or qu'on remue.

Le visage de Lantern, éclairé d'en bas par la lampe posée à terre, reflétait les énergiques élancemens d'une jouissance parvenue à son paroxysme. Il remua l'or doucement d'abord et comme on caresse une femme aimée, puis ses deux mains se crispèrent ; il murmura des mots étranges ; ses doigts semblèrent pétrir son trésor.

Nous ne saurions dire au juste combien de livres contenait cette caisse d'espèce originale, mais le trou était grand, et quelquefois les bras de Lantern disparaissaient dans l'or jusqu'au coude.

Il en retirait parfois de pleines poignées

qu'il élevait follement au dessus de sa tête pour les rejeter avec bruit dans le trou.

Quand il se fut bel et bien soûlé de la vue et du contact de son trésor, il sortit de sa poche les sept souverains qu'il avait récoltés dans la maison de commerce Edward and C°, et les envoya rejoindre le reste.

— Pauvres petits amours ! soupira-t-il ; — c'était bien chaudement dans ma poche !... N'ayez pas peur, je reviendrai vous voir ; je vous amènerai de la compagnie, s'il plaît à Dieu !

Il regarda encore, il toucha encore. L'excellent Bob avait grand'peine à se séparer de son cher pécule. Enfin, après avoir hésité long-temps, il replaça la pierre et l'enfonça si adroitement que l'œil le plus exercé n'aurait pu la distinguer des autres pierres, ses voisines.

— Tempérance a le nez fin quand elle n'est pas ivre, dit-il ; mais elle est toujours ivre, et je suis plus fin qu'elle, moi !... D'ailleurs, ajouta-t-il en défaisant les barricades intérieures de sa porte, — n'est-ce pas pour elle que je travaille, le cher cœur !

Quelques minutes après, Bob-Lantern franchissait la dernière marche de son escalier et revoyait le jour, c'est-à-dire l'épais brouillard qui emplissait la ruelle. A quelques pas de chez lui, dans une taverne enfumée, il aperçut sa compagne Tempérance qui dormait, la tête sur la table.

— Quel dommage ! grommela-t-il avec regret ; — une femme de cinq pieds six pouces!

Il recommença la course précipitée que nous lui avons vu déjà fournir et rasa les maisons avec une rapidité de locomotive.

Il était environ deux heures après midi.

Une fois hors du quartier Saint-Giles, Bob-Lantern se lança dans Oxfort-Street, et, méprisant désormais les trottoirs, éclaboussa les fiacres en galopant dans la boue. Sa course le mena au milieu de Portman-Square, devant une grande maison d'aspect opulent, dont, selon l'usage, une grille défendait la façade.

Entre la grille et la maison, des deux côtés du perron, une armée de grooms et de valets oisifs causaient et riaient.

Bob-Lantern mit le pied sur la première marche de l'escalier.

— Que veut ce drôle ? cria un apprenti jockey du poids de quinze kilogrammes.

— Mon bon petit monsieur Tulipp, répondit Bob, vous ne me remettez pas ?

— Quelque mendiant !...

— Fi donc ! s'écria Bob avec un beau mouvement de fierté.

Et il ajouta à part soi :

— Je ne mendie jamais que le soir, entends-tu, quart d'homme !... Mon bon petit monsieur, reprit-il tout haut, je suis votre serviteur Bob-Lantern.

— C'est juste, s'écrièrent deux ou trois grooms, Bob-Lantern, l'époux de mistress Tempérance...

— Pour vous servir, mes bons messieurs.

— Et que veux-tu ?

— Vous offrir mes respects... et voir, si ça se peut, l'intendant de milord.

— L'intendant est en affaires.

— C'est son état et ça ne fait rien... M. Paterson et moi nous sommes de vieilles connaissances, soit dit sans orgueil ; je suis sûr qu'il verra ma face avec plaisir.

— Oh! oh! master Bob! promettez-nous alors votre haute protection... Tulipp! va annoncer master Bob.

— Faites place à master Bob!

— A master Bob-Lantern!...

— Epoux de mistress Tempérance, la bien nommée!

— Pour vous servir, mes bons messieurs, pour vous servir, murmura Bob, qui passa tête nue et sans perdre son humble sourire au milieu des gros quolibets de cette valetaille.

Bob-Lantern était un homme prudent.

L'apprenti jockey Tulipp voulut bien, pour cette fois seulement, descendre aux fonctions de groom, et précéda Bob dans l'escalier qui conduisait aux étages supérieurs.

— Tu attendras long-temps, puissant Bob, dit-il en ricanant, car il y a déjà bien du monde dans l'antichambre de M. Paterson.

— Que voulez-vous, mon bon petit monsieur Tulipp, répondit Bob, — la vie est durement chère, et j'ai grand besoin de travailler pour gagner mon pauvre pain ; mais, s'il faut attendre, j'attendrai.

Il y avait en effet foule nombreuse dans l'antichambre de l'intendant. C'étaient cinq ou six tenanciers de milord qui venaient renouveler leurs fermages, des fournisseurs, des cliens, dans le sens latin du mot, et une demi-douzaine de maquignons, prenant titre de maîtres de haras.

Tulipp entr'ouvrit la porte de M. Paterson et prononça le nom de Lantern.

Les pauvres diables, qui attendaient là depuis plusieurs heures peut-être, plongèrent un avide regard par l'ouverture de la porte afin de voir quel était l'importun dont la visite prolongée outre mesure leur barrait impitoyablement le seuil de M. l'intendant. Ils regardèrent de leur mieux, mais ils ne virent personne que M. Paterson lui-même, qui, demi-couché sur un fauteuil à bas dossier, appuyait ses gros pieds sur la grille de sa cheminée, et se curait les dents avec un très grand soin.

Les fournisseurs, fermiers et maquignons pensèrent qu'ils ne voyaient pas tout.

— Lantern! répéta M. Paterson, sans regarder Tulipp... Ah diable! Lantern, dis-tu... Qu'est-ce que c'est que Lantern ?

— C'est moi, s'il plaît à Votre Honneur, répondit Bob qui voulut s'avancer.

— Après nous, l'homme, après nous! prononcèrent en chœur les fermiers, fournisseurs et maquignons.

— Il me semble que je connais cette voix,

murmura Paterson. — Eh ! j'y suis ! ce Lantern est un coquin de mérite... Fais entrer !

Il s'éleva un murmure parmi les fermiers, fournisseurs et maquignons, qui firent mine de barrer le passage.

— Mes bons messieurs... commençait Bob avec son humilité ordinaire quand il parlait à plus fort que soi...

Mais il n'eut pas besoin de se mettre en frais d'éloquence. Tulipp, qui tenait encore à la main une longue brosse mouillée, se précipita vaillamment et distribua une pluie d'eau noire à droite et à gauche; maquignons, fournisseurs et fermiers se reculèrent en grognant.

Bob se hâta de profiter de la route frayée et passa, en saluant à la ronde.

—Ferme la porte, lui dit M. Paterson sans se tourner de son côté.

Bob ferma la porte.

— Avance ici, dit encore l'intendant.

Bob s'avança.

M. Paterson était un homme de taille moyenne, légèrement obèse, dont les cheveux rares et parfaitement incolores encadraient un visage blafard. Au milieu de ce visage rayonnait un nez charnu, couleur de feu. Ce nez était prodigieux. On l'avait vu pâlir deux ou trois fois durant les cinquante années que M. Paterson avait passées sur terre ; mais en ces cas, par une réaction explicable, ses joues jaunâtres d'ordinaire étaient devenues pourpres. Evidemment ce nez avait la propriété de déteindre sur le visage.

La physionomie de M. Paterson exprimait, en somme, un calme apathique, presque brutal. Ses yeux ne disaient rien. Sa bouche, plate et pincée, parlait avec grimaces et par soubresauts, comme si les mots eussent écorché son larynx en passant. Le type anglais se révélait chez lui surtout par l'excès de l'élément lymphatique.

Bob, en entrant, fit comme les patiens de l'antichambre ; il regarda tout autour de lui, mais il ne vit personne. M. Paterson n'avait d'autre motif pour ne point recevoir que son bon plaisir et son cure-dents.

Au bout d'une minute environ, il leva les yeux sur Bob et haussa les épaules.

— Tu vends quelque chose? dit-il en cherchant une plaisanterie qu'il ne trouva pas ; — quelque chose comme ?... Oui, par le diable ; quelque chose qui... tu m'entends, méchant drôle !

Bob se mit à rire débonnairement.

— C'est plaisant ce que vient de dire Votre Honneur, murmura-t-il ; — le fait est que je vends quelque chose comme cela.

— Tu arrives mal ; ta marchandise est en baisse ici... Milord n'en veut plus.

— C'est fâcheux, répartit Bob avec froideur; fâcheux pour Sa Seigneurie, car, pour moi, voyez-vous, monsieur Paterson, je ne suis pas exposé à garder long-temps cette marchandise, — comme vous appelez cela, — en magasin.

— Elle est donc bien jolie ? demanda l'intendant.

— Un ange !... Et encore je voudrais parier qu'il n'y a pas beaucoup d'anges comme cela.

M. Paterson haussa une seconde fois les épaules.

— Les maquignons vantent leurs chevaux, dit-il sentencieusement.

— Votre Honneur pourrait la voir...

— A quoi bon ?... Milord est blasé, mon pauvre Jack-Lantern.

— Bob-Lantern, s'il plaît à Votre Honneur... Ah! milord est ?... je n'ai pas bien compris.

— Blasé !... Tu ne saisis pas ?... C'est un mot qui nous vient de France, comme les vins frelatés et les petits couteaux de deux pences... Il veut dire... Ma foi ! c'est difficile à expliquer, honnête Jack...

— Bob, s'il plaît à Votre Honneur.

— Honnête Bob... c'est difficile... Dis-moi, as-tu quelquefois mangé plus de tranches de bœuf rôti que ton estomac n'en pouvait contenir ?

— Rarement, Votre Honneur, la vie est si durement chère !...

— Enfin cela t'est arrivé une fois ou cent fois, peu importe... Eh bien, ce jour-là tu étais blasé sur le bœuf.

— C'est-à-dire que je n'en voulais plus.

— Juste !... Milord ne veut plus d'anges.

— Parce qu'il en a trop consommé... je conçois cela... Mais, à ce compte, ma femme Tempérance devrait être depuis long-temps blasée sur le gin... Quant à ce qui est de milord, c'est un grand dommage pour Sa Seigneurie... Fâché d'avoir dérangé pour rien Votre Honneur.

Lantern salua bien bas et prit le chemin de la porte. Au moment où il touchait le seuil, la voix de Paterson l'arrêta.

— Quel âge a-t-elle? demanda celui-ci d'un air qui voulait être négligent.

— Quelque chose comme dix-sept ans... peut-être dix-huit ans... Ah! Votre Honneur, c'est frais comme une cerise, c'est élancé comme une baguette de saule, c'est gracieux, c'est gentil, c'est blond, c'est modeste...

— Ta, ta, ta, ta! interrompit l'intendant; où demeure-t-elle?

— Ceci fait partie de ce qu'on m'achète, répondit Lantern avec un ignoble sourire; — la rue et le numéro, c'est la moitié de la chose... et d'ailleurs, milord est... je ne me souviens pas du mot, mais je sais que Sa Seigneurie est comme moi quand j'ai mangé trop de tranches de bœuf... elle n'a plus d'appétit.

— Ecoute, honnête John, reprit Paterson.

— Bob, s'il plaît à Votre Honneur.

— Jack, Bob ou John, tout cela me plaît, mon garçon ; mais ne m'interromps plus... on pourrait tenter un dernier essai... Si elle est aussi charmante que tu le dis...

— Mille fois plus charmante !

— Peut-être que milord ne pourrait la voir sans l'aimer.

— Je veux que Dieu me damne s'il le pourrait, Votre Honneur.

— Il faut essayer.

— C'est mon avis.

— Aussi bien, depuis que milord a changé de vie, mon crédit se perd. Croirais-tu bien, honnête Jack, que Sa Seigneurie m'a demandé l'autre jour quelques explications sur ses affaires?

Bob prit un air profondément stupéfait.

— Est-ce bien possible! dit-il sans rire.

— Ce n'est que trop vrai... Il est temps de le remettre en sa route. Je verrai cette jeune fille.

— A la bonne heure !

— Je la verrai dès demain.

— Quand Votre Honneur voudra.

— Que te faut-il ?

Bob revint vers le foyer et mit son coude sur la tablette de la cheminée.

— Je vous dirai son nom, je vous dirai son adresse, et vous me compterez trente souverains d'or, répondit-il.

— Tu es fou, digne John ! s'écria l'intendant. Trente souverains pour une adresse !

— Et un nom... le nom et l'adresse de la plus jolie miss de Londres. Que faut-il de plus ?

Votre Honneur n'a-t-il pas de l'argent pour faire le reste?

— Mais, trente souverains...

— C'est pour rien... Quand vous l'aurez vue, vous direz : ce pauvre Bob-Lantern est un sot. Cela vaut cent guinées.

— Tout autre que toi aurait pu rencontrer cette jeune miss.

— Londres est grand. Si Votre Honneur veut chercher, je ne m'y oppose pas.

Monsieur Paterson réfléchit un instant, puis il se leva sans mot dire et se dirigea vers son secrétaire. Bob le suivit d'un regard avide.

L'intendant ouvrit l'un des tiroirs et compta lentement trente souverains d'or.

— C'est cher, murmura-t-il, mais ce drôle ne m'a jamais trompé. C'est le plus fin limier de Londres pour ces sortes de choses... Et puis, en définitive, c'est milord qui paie... Approche ici, continua-t-il tout haut : si tu me trompes !...

— Allons donc! interrompit Bob; Votre Honneur se moque, je ne voudrais pas, pour si peu, perdre une pratique comme lui.

— Prends cela!

Bob ne se le fit point répéter. Il saisit l'or et le fit disparaître comme par enchantement dans une de ses vastes poches.

— Anna Mac-Farlane, dit-il ensuite à voix

basse, tandis que Paterson écrivait sous sa dictée, — 32, Cornhill, vis-à-vis de Finch-Lane; deux sœurs, une vieille tante ou mère... un blanc-bec qui doit être un frère ou un cousin.

— Je n'aime pas le blanc-bec! grommela l'intendant.

— Ça gêne; mais... au besoin... j'entreprends aussi ces sortes d'affaires.

Lantern avait fait un geste atroce, à la signification duquel on ne pouvait point se méprendre. M. Paterson le regarda en face et se prit à rire.

— Tu dois amasser des millions, digne Jack! dit-il après un silence.

— Moi!... la vie est durement chère, Votre

Honneur ; je n'ai pas un penny vaillant outre les trente souverains que je viens de recevoir... Adieu, Votre Honneur, et merci ! je reviendrai dans quinze jours voir si l'on a besoin de moi... à moins que le blanc-bec ne vous offusque par trop.

— Reviens demain, dit Paterson.

Bob fit un signe affirmatif et sortit. Les fermiers, les fournisseurs et les maquignons le regardèrent passer avec une hargneuse envie. Lui sortit en les saluant humblement.

Quand il fut parti, la sonnette de l'intendant se fit entendre, et un valet vint annoncer aux patiens de l'antichambre que Son Honneur ne recevrait plus que le lendemain.

Bob reprit intrépidement sa course; mais comme il était quatre heures après midi et que la nuit de Londres commençait, il eut soin de tenir sa main sur la poche qui renfermait ses trente souverains.

— Voilà une bonne affaire! se disait-il; je donnerai six pences à Tempérance.

Un monsieur bien couvert lui barra le trottoir, au moment où il retournait vers Finch-Lane; Bob voulut passer à droite ou à gauche; mais le monsieur l'arrêta d'un geste et lui dit avec un fort accent français :

— Mon ami, l'église Saint-Paul?

— C'est une belle église, répondit froidement Lantern.

— Pourriez-vous m'indiquer la route ?

— Hé! hé! dit Bob, c'est malaisé; mais pour deux shellings je le ferais.

— Deux shellings, se récria le Français; pour un mot!...

— Allons, je le ferai pour un shelling, puisque vous n'êtes pas un Russe, monsieur le Français...

Bob tendit la main. L'étranger y mit un shelling en grondant quelques paroles peu flatteuses contre l'hospitalité anglaise.

— C'est bon, dit Bob... Eh bien, milord, ne changez point de chemin, faites cent pas tout droit devant vous, et vous rencontrerez le portail de Saint-Paul.

— J'y allais donc? demanda le Français.

— Directement, milord.

Bob passa de côté et se jeta dans la foule, laissant le Français partagé entre l'étonnement et le dépit.

— Maintenant, se dit Bob, irai-je chez le blanc-bec lui vendre le nom de M. Edward?... Non. Il faut laisser aller les choses. Cela le mettrait en défiance et pourrait empêcher l'affaire de marcher convenablement... Ah! ah! ah! le bon marché qu'a fait M. Paterson! M. Edward lui soufflera la belle avant qu'il ait le temps de dire zest! Cela le regarde.

En conséquence, Bob ne poursuivit point sa route vers Finch-Lane. Comme il n'était pas encore l'heure de se coucher, il voulut utiliser le reste de sa journée. Bob était un effréné travailleur.

— Ce soir, pensa-t-il, j'irai voir mes amis de la Résurrection... Leur besogne est durement désagréable et ça n'est pas payé... mais il faut bien gagner son pauvre pain... Dieu me damne! le temps est bon pour mendier ce soir. Le brouillard est chaud et les vieilles femmes sortent de leur trou... Attention aux policemen!

Bob, en finissant ces mots, fit un haut-le-corps qui disloqua entièrement son torse et lui donna l'aspect le plus misérable que gueux puisse désirer. L'une de ses épaules se haussa, tandis que l'autre s'effaçait; son bras gauche, tordu et retourné, joua merveilleusement la paralysie. Sa jambe gauche volontairement raccourcie, boita et donna à toute sa personne un mouvement de tangage qui faisait compassion à voir.

Il jeta autour de soi un regard circulaire et cauteleux pour s'assurer que le trottoir était pur de tout agent de police.

Un second regard tria, parmi la foule, une vieille dame au grand chapeau noir qui ne pouvait être moins que la veuve d'un patron de barque ou d'un bosseman décédé au service de l'état.

Bob se traîna vers elle en se balançant comme un sloop battu par la tempête.

— Respectable madam, murmura-t-il derrière elle, je n'ai pas mangé depuis cinq jours et demi.

La dame pressa le pas.

— O bonne mistress! reprit Bob, ayez compassion d'un malheureux marin qu'une blessure reçue à la mémorable bataille de Trafalgar, sous les yeux du glorieux Nelson, empêche de travailler et réduit au triste métier de mendiant!

— Je n'ai rien, brave homme, dit la dame.

— Hélas! reprit encore Bob, je tendrai donc encore aujourd'hui en vain cette main qui a touché celle du grand Nelson...

La dame regarda la main de Bob. Le nom de Nelson est toujours d'un effet puissant sur une oreille anglaise.

— Ayez compassion, bonne mistress, ou je vais mourir à vos pieds sur le pavé..

La dame fouilla dans son vaste sac et en retira une demi-couronne qui sans doute devait servir ce soir à sa partie de whist. Bob baisa la couronne et promit à la dame les bénédictions de Dieu.

— Milady! s'écria-t-il en s'attachant aux pas d'une seconde victime qui, selon lui, avait une tournure tory, — ne laissez pas périr d'inanition un brave soldat de notre demi-dieu, Sa Grâce le puissant duc de Wellington... J'ai cinquante trois blessures, noble lady, et Napoléon,—Napoléon en personne, je le jure sur mon salut, m'a brisé la jambe d'un coup de botte forte...

Milady lui donna un shelling pour s'en débarrasser.

Bob continua ce jeu durant une heure environ avec diverses chances de succès. Il récolta ainsi un certain nombre de couronnes ; mais il empocha grand nombre de rebuffades et une demi-douzaine de coups de canne que lui octroya un membre du parlement à pied, qu'il avait pris pour un marchand de cigares de contrebande.

Au moment où il allait quitter la partie, il aperçut une antique mistress dont l'aspect le tenta fortement. Bob ne savait point résister aux tentations de ce genre. Il aborda la vieille dame et commença un poétique récit de la bataille de Trafalgar. Au milieu de son récit, il sentit une lourde main se poser sur son épaule.

Bob ne prit point la peine de se retourner. Il connaissait la main des policemen.

Par un mouvement rapide comme l'éclair, il rendit à son torse sa forme accoutumée, et se baissant tout-à-coup, il fit lâcher prise à l'agent : avant que celui-ci eût pris une attitude de défense, les deux poings de Bob frappèrent en même temps sa poitrine qui sonna comme un tambour.

L'agent tomba dans la boue au grand plaisir des cokneys. Bob s'en alla le cœur paisible. La soirée s'avançait. Il possédait bien encore quelques petites industries qu'il mettait en pratique à ses heures de loisir, mais, ce soir, il se sentait pris de tendres pensées à l'endroit de Tempérance, dont les cinq pieds six pouces ne lui avaient jamais semblé si pleins de charmes.

— Je verrai les gens de la Résurrection une autre fois, se dit-il. La journée n'a pas été mauvaise et je suis fatigué. — Bishop me ferait passer la nuit pour une guinée... Une guinée est quelque chose!... Mais Tempérance m'attend, la pauvre chère belle... Je veux que Dieu me damne si je ne donnerais pas dix shellings pour qu'elle ne s'enivrât que six fois par semaine !

Bob reprit donc le chemin de Saint-Giles par Holborn : il marchait maintenant le front haut et les mains dans les poches, comme fait tout honnête homme dont la conscience est tranquille et qui a reçu le prix d'un labeur honorable.

XI

MORS FERRO NOSTRA MORS.

L'honorable Frank Perceval ne portait point de titres. Ce n'était pas dédain de sa noblesse ; c'était au contraire un honnête et fier respect du nom historique de ses aïeux. Aux temps où l'état de gentilhomme donnait puissance et priviléges, il pouvait y avoir quelque grandeur à faire fi de sa naissance et à renier ses droits, mais, en notre siècle où noblesse ne fait plus qu'obliger, il n'y a guère que les lâches et peut-être encore les sots pour affecter le mépris d'une haute origine et jeter bas leur écusson comme on fait d'un vêtement passé de mode. Frank n'était point de ces gens-là, mais il n'était pas non plus de ceux qui croient ajouter à leur mérite intrinsèque en faisant graver sur leurs cartes de visites les feuilles de persil d'une couronne ducale ou les six rangs de perles fines d'un diadème de baron. Il n'y avait nul méchant et petit orgueil dans la hauteur qu'il mettait à porter bien son nom : Frank était un gentilhomme dans le vrai sens du mot.

Son frère aîné, le comte de Fife, avait hérité de presque toute la fortune paternelle, suivant la loi anglaise. Malgré cet inégal partage, le comte n'était pas assez riche pour servir une pension à son frère déshérité. Il était du reste bien en cour et tenait état de grand seigneur.

Frank était donc forcé de mener une existence modeste, eu égard au train de prince qu'avaient jadis affiché ses ancêtres. Il vivait de son faible patrimoine et d'une part de la fortune de sa mère qui habitait l'Ecosse avec la dernière de ses filles, âgée de douze ans. La comtesse douairière de Fife aimait Frank avec une sorte de passion. Il était son enfant préféré, pour lui d'abord, et aussi parce que son caractère, son âge et sa figure, lui rappelaient l'aînée de ses filles, morte malheureusement quelques années auparavant. Cette sœur, miss Harriett Perceval, et Frank étaient jumeaux.

Frank habitait à Londres Dudley-House, propriété de sa mère, située dans Castle-Street, auprès de Cavendish-Square. Il avait un seul domestique, outre sa femme de charge, point d'équipages, point de chevaux.

La matinée était déjà fort avancée, lorsque Stephen Mac-Nab passa le seuil de Dudley-House. Il fut reçu par le vieux domestique de Frank.

— Bonjour, vieux Jack, dit notre jeune médecin ; ton maître n'est-il point levé encore ?

Jack était un digne, discret, honnête, fidèle et dévoué serviteur. Il y aurait eu en lui du Caleb si Frank Perceval eût été dans la position désespérée du maître de Rawenswood. Mais Frank était fort loin de cette magnanime misère dont notre Walter Scott nous a fait un si émouvant tableau. Sa pauvreté, toute relative, eût été pour bien d'autres de l'opulence. Aussi Jack gardait-il une tenue fort respectable ; sa livrée, d'une propreté minutieuse, n'accusait point de trop longs services, et il y avait sur son visage un air de prospérité qui éloignait toute idée de famine.

Il aimait son maître avec passion et ne

lui trouvait d'autre défaut que de ne s'appeler point à tout le moins sir Francis Perceval, lui qui était fils de comte, et dont la mère, miss Dudley, descendait des Stuarts et portait écartelé d'Ecosse et de Courtenay ! Jack eût donné trois années de gages pour déterminer son maître à prendre un titre quelconque qui le dispensât, lui Jack, de dire à tout bout de champ : Son Honneur.

Son Honneur tout court. — Tandis que, de l'autre côté de la rue, il y avait un sir Marmaduke Twopenny qui était ancien marchand de goudron et *knight* (1) par contrebande. De sorte que son valet de chambre avait le droit d'écraser le pauvre Jack en disant vingt-deux

---

(1) Chevalier, dignité à vie.

fois par heure : — Son Honneur sir Marmaduke.

Jack était tenté de lui rompre les os, mais il hésitait à se compromettre avec cette noblesse de comptoir. Toute sa vengeance consistait à faire sonner ce nom de Twopenny de façon à montrer son incommensurable dédain, et à jurer par les neuf quartiers du grand écusson de Perceval.

Il connaissait Stephen depuis l'enfance et savait toute l'amitié que lui portait Frank ; à ces causes, il pardonnait un peu au jeune médecin de n'être point noble.

— Votre Honneur va faire bien plaisir à Son Honneur, dit-il en continuant sa besogne et avec une cordialité respectueuse ; — Son Honneur parlait souvent de Votre Honneur dans nos voyages... Son Honneur est sorti ce matin de bonne heure, mais si Votre Honneur veut l'attendre, je lui ouvrirai le cabinet de Son Honneur.

Comme on voit, Jack avait quelque raison de souhaiter un titre à son maître. Cela lui eût réellement épargné une très énorme quantité de redites. La troisième personne demande impérieusement des distinctions sociales ; il n'y a point d'égalité possible devant la troisième personne.

Stephen se fit introduire dans le cabinet de Frank. C'était une chambre dont la description n'aurait point d'intérêt pour le lecteur. Beaucoup de livres, quelques objets d'art, deux ou trois portraits de famille et un grand écusson à quartiers, portant, sur le tout, les armes propres de Dudley, composaient sa décoration.

Stephen s'assit près du feu.

— Rien n'a été changé ici, dit-il, en souriant ; voici les auteurs que nous aimons tous deux, le portrait de la pauvre demoiselle Harriett...

Jack découvrit tristement son front.

— Voici, continua Stephen, la statuette de la duchesse de Berry... Frank est donc toujours un chevalier errant ?

— Je voudrais qu'il fût au moins chevalier, répondit Jack.

— Voici le grand écusson de Perceval.

— Plairait-il à Votre Honneur que je le lui lasonne ? interrompit vivement le vieux valet.

Et sans attendre la réponse de Stephen, il commença d'une voix rapide et monotone cette explication technique, si souvent entendue que les mots s'en étaient gravés un à un dans sa mémoire :

— Il est, s'il plaît à Votre Honneur, parti de trois traits, coupé de deux. Au premier, de Fairfax : burellé d'or et de sable au lion d'argent brochant sur le tout ; — au deuxième, d'Argyle : d'argent à la nef d'azur équipée et ramée de même; — au troisième, d'Errol : d'argent à trois écus de gueules ; — au quatrième, de Dudley-Stuart : contrécartelé aux premier et quatrième d'argent à la fasce échiquetée d'argent et d'azur de trois tires, qui est Stuart ; aux deuxième et troisième, d'or à trois tourteaux de gueules, qui est Courtenay, et, sur le tout, échiqueté d'argent et d'azur de douze pièces à la bande d'hermines, qui est Dudley ; — au cinquième, de Douglas : d'argent au cœur sanglant de gueules, au chef d'azur, chargé de trois étoiles d'argent ; — au sixième...

Stephen bâilla et poussa un long soupir.

— J'ennuie Votre Honneur ? demanda timidement Jack ; — il n'y a plus que quatre quartiers et l'écusson en abîme...

— Tu me les décriras une autre fois, mon vieux Jack, dit Stephen.

— Je serai toujours aux ordres de Votre Honneur.

Jack répondit cela, mais il ajouta à part soi :

— « On voit bien que Son Honneur n'est pas nobleman ! »

— Ton maître avait donc emporté ses armes ? reprit Stephen, qui voulait poursuivre l'entretien afin de ne point froisser le bon vieux valet.

Certes, Son Honneur avait emporté ses pistolets de voyage...

— Je ne vois plus son épée...

— Votre Honneur se trompe, s'il m'est permis de m'exprimer ainsi.

— Sa boîte de combat aussi n'est plus à sa place, poursuivit Stephen.

Jack pâlit et trembla.

— C'est vrai, balbutia-t-il ; Votre Honneur a raison... Que Dieu ait pitié de nous !

— Que veux-tu dire ? s'écria Stephen en se levant.

— Son Honneur est sorti de grand matin,

répondit Jack d'une voix étouffée ; — si matin que j'étais encore au lit... Je ne l'ai pas vu... Il a emporté son épée... sa boîte de combat...

— Un duel !... interrompit Stephen.

— Et son Honneur n'est pas encore revenu ! dit le vieux valet qui tomba faible sur un fauteuil.

— Stephen se prit à parcourir la chambre à grands pas.

— Un duel ! répéta-t-il avec agitation ; — arrivé d'hier !... un duel ce matin !... Voilà qui est étrange !... Mais peut-être n'est-ce qu'une querelle sans importance qui n'aura pas de suite...

Jack secoua lentement sa tête grise.

— Tout ce qui touche à l'honneur de Perceval a de l'importance, dit-il, et mon maître n'est pas de ceux qui prennent leurs armes pour ne s'en point servir... et midi va sonner !... et il est parti depuis sept heures !...

Il mit son front entre ses mains.

— Mon Dieu ! mon Dieu ! murmura-t-il, vous ne permettrez pas que le vieux Jack voie cela !

— Mon pauvre Jack, reprit Stephen, qui tâchait de se rassurer lui-même, nous nous alarmons à tort. Frank n'a pu avoir de querelle sérieuse depuis hier.

— Son Honneur n'a vu personne et n'est sorti que pour aller au bal de lord Trevor...

— Lord Trevor ! s'écria Stephen frappé d'un trait de lumière.

Puis il ajouta avec accablement :

— Le marquis de Rio-Santo !

Jack le regardait sans comprendre.

— Le marquis, répéta-t-il avec dédain, le marquis de Rio-Santo ! Tous ces étrangers sont marquis, pour le moins. Ils se croiraient déshonorés de n'être que baronnets... Son Honneur ne connaît pas ce marquis-là, Votre Honneur.

— Rio-Santo ! dit encore Stephen ; ils se

seront trouvés en présence... Et où s'informer, bon Dieu! où savoir!...

— Où courir! ajouta Jack; par pitié, Votre Honneur, ayez compassion d'un pauvre vieillard. Je n'ai point compris vos paroles, mais j'ai cru deviner... Oh! si vous savez où est mon maître, dites-le-moi... Je courrai, dussé-je succomber en chemin, j'essaierai de lui porter secours... Mon maître! poursuivit-il en joignant les mains et avec des larmes dans les yeux; — mon petit Francis, que j'ai porté dans mes bras, que j'ai bercé, que j'aime!...

Stephen, dont l'inquiétude personnelle s'augmentait du désespoir du vieux Jack, s'approcha de la fenêtre et souleva machinalement le rideau.

Une voiture débouchait en ce moment à l'angle de Regent-Street.

— Hélas! poursuivit Jack, — il y a comme une fatalité sur la noble maison... Presque tous les Perceval sont morts en duel de père en fils... et la devise qui entoure leur écu semble une éternelle et sanglante menace...

Stephen tourna la tête pour lire la devise.

— *Mors ferro nostra mors !* murmura-t-il. (La mort par le fer est notre mort.)

Il est des instans où l'âme, malade, accueille sans combattre les plus superstitieux pressentimens. Stephen détourna les yeux de la devise avec horreur. Il lui sembla voir du sang sur les brillans émaux du grand écusson ; il lui sembla voir perler des larmes sous l'austère prunelle des nobles lords dont les portraits tapissaient le cabinet.

— *Mors ferro nostra mors !* répéta lentement le vieux Jack. — La dernière fois que j'entendis prononcer ces mots latins, ce fut de la bouche du père de Son Honneur, feu le comte de Fife. — Dieu ait l'âme de Sa Seigneurie ! Il les prononçait, Votre Honneur, en accompagnant le cercueil de l'aîné de ses fils, mort en combat singulier.

Stephen n'entendait pas. La voiture s'était

arrêtée devant le perron de Dudley-House. Deux hommes inconnus descendirent, qui, aidés du cocher, soulevèrent un objet inerte, étendu sur l'une des banquettes du fiacre.

Stephen poussa un cri déchirant.

—Frank! mon pauvre Frank! s'écria-t-il en s'élançant au dehors.

Le vieux Jack se précipita vers la fenêtre et jeta en bas son regard.

— Son Honneur! murmura-t-il en tombant lourdement à la renverse : *Mors ferro nostra mors!*

Il était évanoui.

Lorsqu'il recouvra ses sens, il gisait à la

place même où il était tombé. Nul n'avait songé à le relever.

Il parcourut la chambre d'un regard terne et stupide. La chambre était déserte.

Le souvenir de ce qui s'était passé tournait confusément autour de sa mémoire et n'y voulait point entrer. Il avait la vague conscience d'un affreux et récent malheur ; mais il ne pouvait pas, il ne voulait pas peut-être éclairer ces propices ténèbres de son intelligence, parce qu'il sentait que la lumière y réveillerait trop de douleurs engourdies.

Tandis qu'il fuyait ainsi toute explication avec lui, ses yeux tombèrent sur l'écusson à quartiers, autour duquel courait la devise latine des Perceval. Ce fut un coup de foudre qui le frappa au cœur.

— Son Honneur, dit-il en un cri déchirant; — un duel... du sang!...

— Chut! fit une voix inconnue à la porte qui s'entrebâilla ; sur votre vie, taisez-vous!

La porte se referma.

Jack se mit sur ses genoux et rampa jusqu'au seuil.

— On n'entend rien, murmura-t-il en collant son oreille aux jointures de la porte : — rien ! Que se passe-t-il, mon Dieu!... Est-il vivant?... est-il...

Jack n'eut point la force d'achever sa pensée.

Un faible bruit se fit dans la chambre voisine. C'était comme un grincement de deux morceaux d'acier qu'on frotte doucement l'un contre l'autre.

Jack se redressa et colla son œil à la serrure.

Il vit au milien de la chambre le lit de son maître, qu'on avait retiré de l'alcôve pour avoir plus de jour. Sur le lit, Frank Perceval était étendu sans mouvement, les yeux clos, le visage livide, les membres affaissés comme sont les membres d'un cadavre.

Çà et là, sur le sol, il y avait, épars, des linges tachés de sang.

Auprès de la fenêtre, Stephen Mac-Nab, assis, pâle et la tête penchée, se voilait le visage de ses deux mains.

Des deux côtés du lit, deux inconnus se tenaient debout : l'un, vêtu de noir, aux traits de marbre, impassibles et mornes, tenait le poignet de Frank ; l'autre avait retroussé ses manches. Ses mains pleines de sang tenaient un long instrument d'acier, dont le bout disparaissait sous la chemise du pauvre Frank. Ce deuxième personnage n'était pas moins impassible que le premier. C'était lui qui avait entr'ouvert la porte pour ordonner le silence.

Jack ne respirait pas. Toute sa vie s'était concentrée dans sa faculté de voir.

L'homme habillé de noir, qui était sans nul doute un médecin, continuait de tâter le pouls de Frank. L'autre inconnu, l'aide du premier, suivant toute apparence, introduisait sa sonde, palpait, tâtait et secouait la tête d'un air d'incertitude.

Il prononça quelques mots que Jack ne put entendre. L'homme noir y répondit par un haussement d'épaules accompagné d'un sourire étrange.

— Qu'a-t-il dit? se demanda le pauvre Jack, — et que signifie ce sourire?... Est-ce un présage de salut?...

L'aide, à ce moment, retira la sonde ensanglantée et mesura froidement la profondeur de la blessure.

Jack n'y pouvait plus tenir. Il fit jouer doucement le pène. La porte s'entr'ouvrit. Les deux inconnus ne prirent pas garde. Jack put entendre, mais il ne pouvait plus voir.

XII

LA FIOLE.

Ce fut l'aide qui parla le premier :

— Une demi-ligne de plus, dit-il à voix basse, l'artère bronchiale était attaquée.

— Une demi-ligne! répéta l'homme noir du même ton; — êtes-vous bien sûr, Rowley, que l'artère n'est pas touchée?

— Très sûr, monsieur; il s'en faut d'une grande demi-ligne.

Un instant de silence suivit ces paroles. Jack, qui n'entendait plus rien, voulut recommencer à voir et colla de nouveau son œil au trou de la serrure.

L'aide avait passé à son patron sa sonde ensanglantée. Sa main droite s'était introduite sous le revers de son habit. De l'autre main il tenait un paquet de charpie.

— De la charpie! pensa le pauvre Jack,

dont un long soupir souleva la poitrine oppressée; ils espèrent donc le sauver!

Il n'avait rien compris à l'entretien technique des deux praticiens, mais son sens droit et sain lui disait qu'un remède appliqué est déjà un gage d'espoir : on ne soigne que les vivans.

Il regardait toujours.

L'aide-chirurgien, avant de retirer la main qui se cachait sous les larges revers de son frac, jeta un coup-d'œil cauteleux du côté de Stephen Mac-Nab, qui demeurait toujours immobile et comme insensible. D'un signe de tête il le désigna au médecin. — Celui-ci se fit un garde-vue de sa main pour examiner Stephen avec attention.

Ce double mouvement étonna le vieux Jack. Pourquoi cette défiance ? pourquoi ces précautions ?...

Le docteur laissa retomber sa main et ouvrit la bouche pour parler. Jack remit son oreille à l'ouverture de la porte.

— Ce jeune homme ne voit rien, dit le docteur à voix basse; faites ce que je vous ai ordonné.

Nouveau silence.

Lorsque Jack, de plus en plus intrigué, essaya de regarder encore par la serrure, il vit l'aide tirer de son sein une petite fiole dont il fit tourner prestement le bouchon de cristal. Il l'approcha de la charpie; mais avant d'imbiber cette dernière, il jeta encore un regard vers Stephen.

Un regard tel, que le cœur de Jack bondit dans sa poitrine.

Stephen ne bougea pas. Le docteur fit un geste d'impérieux commandement. — Rowley versa une goutte du contenu de la fiole sur la charpie.

A ce moment, Stephen fit un mouvement.

Rowley trembla et pâlit. Au lieu d'appliquer la charpie sur la plaie, il la fit tomber à terre et la couvrit de son pied.

Ce terrible soupçon, qui grandissait depuis quelques secondes dans le cerveau de Jack, éclata tout-à-coup et se fit certitude. Il chercha des yeux une arme, et, apercevant un dirk écossais suspendu à la muraille, il s'en empara, poussa la porte et s'élança dans la chambre où gisait son maître :

— Votre Honneur ! monsieur Stephen ! s'écria-t-il, vous ne voyez pas ce qui se passe ici !

— Silence ! dit Rowley en montrant le blessé.

— Silence, toi-même, répondit Jack, misérable assassin... J'étais là, — il montrait la porte ; — j'ai tout vu !

Rowley fit instinctivement un pas vers la porte.

— Cet homme est-il un fou? demanda le docteur en s'adressant à Stephen; — faites-le sortir, monsieur, ou je ne réponds plus de la vie de l'Honorable Franck Perceval.

Stephen s'était levé. Il regardait tour à tour Jack et Rowley, qui avait réussi à reprendre son sang-froid.

— Taisez-vous, Jack! dit-il enfin; — et vous docteur, au nom de Dieu! achevez ce pansement, qui, je le crains, a été déjà trop retardé.

Jack se mit entre son maître et le docteur.

— Votre Honneur, dit-il d'un ton respectueux mais ferme, en s'adressant à Stephen, — je respecte vos ordres parce que vous êtes l'ami de Perceval, mais cet homme ne touchera plus mon maître, j'en jure par notre grand écusson!

— Ce valet est fou, répéta le médecin avec froideur. Il tue l'Honorable gentleman en retardant nos soins, aussi positivement que s'il lui donnait au cœur un coup du poignard qu'il tient à la main.

Jack trembla de la tête aux pieds. Une sueur froide perça la peau de son crâne sous les mèches rares de ses cheveux gris, — mais il ne bougea pas.

— J'ai vu, dit-il d'une voix basse et profonde; — ne doutez pas de ce que je vais dire, monsieur Mac-Nab, car je jure sur le souvenir de mon père mort, et je n'ai jamais menti... Un assassinat vient d'être tenté... ici... à l'instant... en votre présence... un assassinat sur un homme à l'agonie... Oh! je l'ai vu, vous dis-je! ces hommes ont voulu tuer Perceval!

Stephen attacha sur le docteur Moore un regard profond et scrutateur.

— Ce domestique est le plus digne homme que je connaisse, monsieur, dit-il ; d'un autre côté, je sais que le docteur Moore est l'un des plus illustres membres de Royal-College et je m'incline devant son profond savoir et ses précieuses lumières... mais ce gentleman est mon meilleur ami... pardonnez donc mes doutes bizarres et souffrez que je vous serve d'aide dans le pansement que vous allez continuer : je suis licencié d'Oxford, monsieur.

Stephen retroussa vivement ses manches.

—Votre Honneur, dit Jack, prenez garde !..

Il s'approcha vivement du jeune homme et lui dit quelques mots à l'oreille.

Pendant qu'il parlait ainsi tout bas, Rowley se baissa doucement et ramassa la charpie qui était sous son pied.

Puis il regarda le docteur. Celui-ci remua imperceptiblement les prunelles. Rowley comprit et s'esquiva.

— C'est impossible ! dit Stephen, répondant à la confidence du vieux valet.

— Impossible, Votre Honneur ?... Eh bien !

dussé-je fouiller le drôle jusqu'à la peau, je retrouverai cette fiole...

Il se retourna vers Rowley; Stephen l'imita. Ce fut alors seulement qu'ils s'aperçurent de sa fuite.

— Eh bien ! Votre Honneur, s'écria Jack ; me croyez-vous maintenant ?

Stephen attacha sur le docteur son œil perçant et sévère.

Le docteur Moore s'était croisé les bras sur la poitrine et demeurait immobile, suivant toute cette scène d'un calme et dédaigneux regard.

C'était un homme de quarante ans environ,

d'une grande et riche taille. Son front demi-chauve avait de la hauteur et de l'intelligence. Son œil perçant et profond savait prendre à l'occasion un regard digne et ferme, mais il glissait aussi parfois, cauteleux et perfidement investigateur, entre les lignes rapprochées de ses longues paupières. L'ovale de son visage, trop évidé aux tempes, trop renflé à la mâchoire, avait un peu cette apparence piriforme que certaines caricatures d'origine française ont adoptée pour populariser le type peu royal de telle auguste physionomie... Son nez droit et dont la base se relevait perpendiculairement au plan de la lèvre supérieure, n'était séparé de la bouche que par un intervalle étroit et blême. La bouche elle-même rentrait et faisait ressortir la disgracieuse éminence d'un menton *en galoche* (1). En somme, la partie inférieure de sa figure en déparait la partie supérieure, et son ensemble n'était point de ceux qui gagnent le cœur ou inspirent la confiance.

Le docteur Moore était l'un des plus influens et l'un des plus recommandables membres de Royal-College. Sa réputation était immense et le mettait à coup sûr au dessus de tout soupçon. Dans le premier moment qui avait suivi l'entrée de Frank, Stephen, frappé au cœur, et qui eût sans doute combattu son affaissement moral si la présence du docteur Moore ne lui avait été un gage suffisant que tout ce qui pouvait être tenté

---

(1) Ces mots sont en français dans le texte.

le serait habilement et à propos, avait cédé à la douleur, et fait comme ces joueurs qui ferment les yeux pour ne les rouvrir que lorsque la fortune aura décidé. Il avait eu, nous l'avons vu, un rude réveil.

Ce que nous venons de raconter, du reste, en beaucoup de lignes, s'était passé en bien peu de minutes; lorsque Rowley, chassé, passa la porte de Dudley-House, il n'y avait pas la huitième partie d'une heure qu'il y était entré.

C'était donc, en tout, dix minutes de perdues pour le pansement de Frank Perceval.

— Monsieur le docteur, dit Stephen dont

le sang-froid naturel luttait victorieusement contre son indignation, — ce digne serviteur n'est point un fou... Il a bien vu, monsieur... la fuite de ce misérable en dit assez.

— Prétendez-vous m'accuser, monsieur?

— Ne perdons pas le temps en vaines paroles, s'il vous plaît... Je prétends que vous opériez sur-le-champ le pansement de Frank Perceval... sur-le-champ, entendez-vous!....

— Sur-le-champ! répéta M. Moore. Ceci ressemble à un ordre, monsieur.

—C'en est un, prononça Stephen avec fermeté.

Les sourcils du docteur se froncèrent. Il

recula d'un pas. Ses mains se plongèrent d'instinct dans les vastes poches de son frac noir. Toute sa personne prit un menaçant aspect.

Puis tout-à-coup son front se rasséréna, tandis qu'un sourire amer descendait sur sa lèvre.

—Monsieur le licencié d'Oxford, dit-il avec une gaîté forcée, préparez les bandages et la charpie... Je suis prêt à panser ce gentleman.

L'opération commença aussitôt.

Ce fut un singulier pansement que celui-là. M. Moore, dominé sans cesse par le regard expert de son jeune confrère, y déploya toutes les ressources de pratique chirurgicale qui avaient tant contribué à mettre sa renommée au dessus des réputations rivales.

Il opérait rapidement, sûrement et mettait une sorte d'ostentation à n'omettre aucun des détails commandés par la clinique en pareilles occurrences.

Stephen, tout en exécutant ses ordres avec une minutieuse ponctualité, suivait chacun de ses mouvemens d'un œil plein de sollicitude, ce dont le docteur essayait de se venger en gardant son sourire railleur et amer.

Derrière lui se tenait Jack. Le vieux valet n'avait point mis bas ses inquiétudes. Il tenait toujours son dirk à la main, et son œil interrogeait incessamment la physionomie de Stephen.

Il attendait, prêt à frapper sans miséricorde, au moindre signe du jeune médecin. Point de pitié à espérer de lui. On pourrait même affirmer, sans crainte de s'avancer trop, qu'il eût été charmé de trouver le docteur en faute pour avoir occasion de venger le lâche assassinat tenté sur Perceval mourant. — Son front si bienveillant, si candide d'ordinaire, s'était ridé jusqu'à la naissance des derniers cheveux qui tenaient encore à la partie postérieure de son crâne. Ses yeux bleus, si bons, si soumis, avaient maintenant une expression d'impitoyable détermination, et scintillaient durement sous ses sourcils froncés. Il n'y avait plus de courtois sourire à sa lèvre ; sa taille, courbée par l'habitude et par l'âge, s'était vaillamment redressée. Il était fort, en un mot, et résolu et jeune !

Le docteur lui tournait le dos, mais il voyait parfaitement son image réfléchie dans une glace. Peut-être cette menace vivante contribuait-elle à donner une précision mathématique à ses mouvemens.

Pourtant, à mesure que l'opération avançait, le cœur du vieux Jack s'amolissait sensiblement. Il gardait encore son apparence terrible, mais, au fond de l'âme, il redevenait lui-même. Lorsque Frank Perceval ouvrit pour la première fois les yeux, les sourcils de Jack se détendirent; l'éclair de son œil se voila sous une larme, et ne revint plus.

Sa main serrait maintenant le manche du poignard sans colère. Il ne voyait plus dans M. Moore l'assassin, mais le sauveur.

Et il aimait tant Son Honneur Frank Perceval !

Le pansement achevé, un fugitif incarnat revint aux lèvres blanchies du blessé. Jack se prit à rire sous ses larmes, et le dirk tomba de sa main.

— Que Dieu vous bénisse ! murmura-t-il derrière le docteur Moore ; — et que Dieu me pardonne si je me suis trompé tout à l'heure en vous accusant.

Le docteur ne daigna ni se retourner ni lui répondre.

— Ce gentleman est sauvé, dit-il à Stephen. En des mains inexprimentées, sa blessure aurait pu devenir mortelle, mais, à cette heure, toutes précautions humaines possibles sont prises... Je réponds de lui.

Stephen s'inclina et choisit dans son portefeuille une bank-note de cinq livres qu'il présenta au docteur.

M. Moore repoussa ce salaire sans affectation.

— Je n'ai plus rien à faire ici, dit-il en prenant sa canne et ses gants. — Je suppose, monsieur, qu'il ne vous plaît pas de me retenir davantage ?

— Vous êtes libre, monsieur, répondit Stephen.

— Fort bien! répliqua M. Moore en se dirigeant vers la porte.

Il s'arrêta au moment de franchir le seuil, mit de nouveau ses deux mains dans les larges poches de son habit noir, et se retourna.

— Maintenant vous me proclamez *libre*, reprit-il en appuyant sur ce dernier mot,— je veux bien vous faire savoir, mon jeune maître, que je l'ai toujours été... Dans notre profession, — vous pourrez le reconnaître plus tard, — on est souvent exposé à de périlleux guet-apens. Il est de la prudence la plus élémentaire de ne se laisser jamais prendre au dépourvu.

Le docteur sortit de ses poches ses deux mains dont chacune tenait par la crosse un fort pistolet.

— Ce sont là, poursuivit-il, des argumens qu'Oxford n'apprend point, mais que Londres enseigne, mon jeune maître. Je n'en connais point de plus péremptoires... Comme vous voyez, j'avais amplement de quoi vous forcer à me livrer passage et ne pouvais craindre beaucoup le coutelas rouillé de votre vieux highlander... Mais je n'ai pas voulu sortir d'ici sans opposer à un soupçon insensé une preuve matérielle de ma loyauté... J'ai sauvé ce gentleman parce que tel était mon bon plaisir.

Il remit ses pistolets à leur place.

— Et maintenant, adieu, mon jeune maître, dit-il encore. — Vous vous êtes fait en moi aujourd'hui un ennemi mortel... En ma vie, je n'ai rien oublié, je n'ai rien pardonné jamais... et je me suis vengé toujours.

La porte s'ouvrit, puis se referma sur le docteur Moore.

Stephen avait écouté froidement la première partie du discours du médecin. A la menace enfermée dans ses dernières paroles, il ne répondit que par un calme et silencieux salut.

Jack n'avait eu garde de donner attention à cet incident. Il s'était agenouillé auprès du lit de son maître, et baisait ses mains froides en pleurant.

Stephen revint, lui aussi, vers le lit de Frank Perceval.

— Que croire ? murmura-t-il. — Un assassinat peut-il être raisonnablement supposé ?.. Dans quel but ?... Et surtout lorsque l'assassin est le docteur Moore... Jack ! es-tu bien sûr d'avoir vu ?

— Sûr comme je vous vois, Votre Honneur,

répondit Jack en se levant ; — le brigand tenait d'une main la petite bouteille, de l'autre la charpie... Sur un geste de ce docteur, — qui est peut-être un brave homme après tout, — le coquin d'apothicaire a mouillé la charpie. Alors vous avez bougé ; l'apothicaire a caché la fiole... le diable sait où... et jeté à terre la charpie qu'il a couverte de son pied... Tenez ! elle doit être là encore.

Jack fit le tour du lit. Stephen le suivit.

— Non, reprit le vieux valet ; — la charpie a disparu, mais on voit encore la marque.

— La marque ?... interrompit Stephen ; — où ?

Jack lui montra une trace rougeâtre, humide

et large comme un shelling, produite par la pression du pied de Rowley sur la charpie mouillée.

Stephen se jeta vivement sur les genoux pour examiner cette trace. En se baissant, il aperçut sous le lit une fiole microscopique dont il se saisit.

— La voilà! voilà la fiole! s'écria le vieux Jack.

Stephen, sans la déboucher, l'approcha de ses narines. Elle contenait de l'acide prussique.

XIII

LE PETIT LEVER.

Lady Ophelia Barnwood, comtesse de Derby, s'éveilla le lendemain du bal de Trevor-House, long-temps après le milieu du jour.

Ses traits délicats portaient la trace des fatigues de la veille ; ses yeux lassés ne voulaient point s'ouvrir, et les souvenirs de la fête voltigeaient confusément autour de son intelligence engourdie.

Il faisait froid, malgré un grand feu qui rougissait de sa lueur ardente le demi-jour de la chambre à coucher.

Lady Ophelia, au lieu de se lever, se coula, frissonnante, au plus profond de ses couvertures et voulut rappeler le sommeil.

Mais il est une heure où le sommeil fatigue, où le contact des draps agace les nerfs, une heure où il faut être debout, et agir, et vivre.

Cette heure était depuis long-temps sonnée.
— Au lieu du sommeil appelé vinrent d'importunes pensées qu'on ne désirait point, des souvenirs, des regrets, des remords...

Elle vit passer devant elle, comme un mouvant tableau, sa fraîche vie de jeune fille. Elle se vit alors que sa beauté, vierge comme son âme, éclipsait toutes beautés rivales ; elle frémit d'aise à la pensée de ces doux triomphes de coquetterie enfantine qui sèment de fleurs le sol sous les pieds de la jeune et jolie miss entrant dans le monde ; elle sourit à ses jeunes amours, si tendres, si rêveurs, si timides, — et si vite évanouis !

Elle se vit ensuite s'asseyant pour la première fois sur les soyeux coussins de l'équipage conjugal. Elle était lady, elle était comtesse. La fameuse devise : *Honni soit qui mal y pense!* courait autour de son écusson ; elle avait des égales et point de supérieures.

Puis elle se vit dans les premiers mois du veuvage, du veuvage qui met une perle de plus à la couronne de toute jeune femme. Comme elle était enviée, adulée, détestée !... Comme elle était heureuse !

Puis encore, elle se vit faible, tremblante, vaincue, — et plus heureuse mille fois que tout à l'heure. Elle aimait. Elle aimait pour la première fois, à vingt-cinq ans, à l'âge où l'amour unit l'énergie à la tendresse, à l'âge où l'on soupire encore, mais où les soupirs brûlent, à l'âge ardent et fort où l'âme et le corps rivalisent dans la plénitude de leur vigueur... Elle se vit passionnée, jalouse, subjuguée, et un vague ressentiment de jouissance passée fit battre son cœur et souleva son sein. Comme elles coulaient vite ces heures de volupté discrète! comme cette solitude partagée était pleine; comme ce silence rompu seulement par une voix amie était harmonieux et doux!

Hélas! les heures maintenant passaient tristes et lourdes, la solitude était vide, le silence était mortel.

Solitude et silence pesaient sur l'âme comme

un fardeau de plomb. Le bonheur avait fui. Tout était morne maintenant, morne et maussade, fastidieux et repoussant. L'ennui, ce hideux cauchemar, planait dans l'atmosphère...

Lady Ophelia repoussa brusquement ses couvertures, sauta hors de son lit et mit ses petits pieds dans ses mules de satin.

Elle n'en avait peut-être jamais tant fait sans le secours de sa femme de chambre. Saisie tout-à-coup par le froid, elle passa hâtivement sa robe du matin (*morning gown*) et se réfugia dans un vaste fauteuil qui lui ouvrait ses bras rembourrés au coin de la cheminée.

Autre souvenir.

Naguère, à ce même moment, un coup discret était frappé à la porte extérieure de Barnwood-House. La femme de chambre, en entrant, annonçait que « milord attendait au salon. »—Milord, c'était l'homme aimé, l'homme que l'on regrettait maintenant avec amertume et détresse : le marquis de Rio-Santo.

Hélas ! hélas ! tout était donc fini.

Ophelia tendit la main pour atteindre la sonnette. Au moment où son doigt touchait le cordon, un coup de marteau retentit à la porte extérieure. Ophelia se redressa tout-à-coup. Un éclair jaillit de son œil ; un rayon d'espoir joyeux illumina son front.

— Si c'était lui! pensa-t-elle.

Mais cette espérance dura peu. Ophelia se souvint tout-à-coup des événemens de la veille. Ses traits se rembrunirent de nouveau.

— C'est le jeune Frank Perceval, se dit-elle ; il vient au rendez-vous que je lui ai donné pour lui apprendre... Je ne veux pas dévoiler ce terrible secret, mon Dieu!... Non! je ne veux pas!

Une femme de chambre entr'ouvrit doucement la porte.

— Milady est levée ? dit-elle avec étonnement. — Un gentleman sollicite l'honneur de

présenter son respect à milady comtesse.....
Voici sa carte.

— Ce n'est pas M. Perceval, murmura Ophelia en jetant un coup d'œil sur la carte où était gravé le nom de Stephen Mac-Nab ; — je ne puis recevoir, Jane... Attendez !... Tirez les rideaux ; il y a quelque chose écrit au crayon sur cette carte.

Jane tira les rideaux, et un jour plus vif éclaira la chambre.

De la part de l'Honorable (1) *Frank Perceval,* lut Ophelia.— Que veut dire ceci ?... Jane,

---

(1) *Honorable,* titre légal des fils de comte, qu'on n'appelle *lords* que par courtoisie.

faites qu'on introduise ce gentleman au salon et revenez m'habiller... revenez bien vite!

— Que veut dire ceci! répéta lady Ophelia lorsque sa femme de chambre fut sortie; — de la part de Frank Perceval! à coup sûr, le pauvre jeune homme aura fait quelque coup de désespoir.

Jane rentra, et lady Ophelia lui ordonna de serrer seulement sa robe et de lisser ses cheveux. Encore ce fut à peine si elle lui donna le temps d'exécuter cet ordre.

— C'est bien, dit-elle; laissez, Jane.

Et elle gagna d'un pas rapide la porte de sa chambre à coucher.

Stephen attendait au salon. Le jeune médecin n'était pas habitué à causer tous les jours en tête-à-tête avec la veuve d'un chevalier de la Jarretière, mais il venait de quitter le lit où gisait son meilleur ami, et l'émotion ne laissait nulle place à cette petite souffrance de l'amour-propre en travail qu'on nomme déconcertement. Il salua la comtesse avec autant de liberté d'esprit qu'eût pu le faire un habitué d'Almack.

— Madame, dit-il, veuillez excuser ma visite. Je n'ai point eu l'honneur de vous être présenté, mais je remplis un devoir et viens m'acquitter d'un message de Frank Perceval.

La comtesse s'inclina et lui montra un siége.

— M. Frank Perceval n'a pu venir lui-même ? demanda-t-elle.

— Il n'a pu venir, milady, répondit Stephen avec tristesse, — et, pour l'empêcher de venir, il a fallu une impossibilité bien réelle...

— Que lui est-il arrivé, monsieur ?

— Frank a été blessé en duel, madame.

— En duel ! répéta la comtesse.

— Blessé grièvement.

— Et par qui, monsieur ?

— Il ne m'a point dit le nom de son adversaire.

— Et vous n'avez nul soupçon ?...

— Si fait, milady ; les soupçons que j'ai valent une certitude... mais je viens vers vous pour Frank et je dois faire comme lui : oublier ce duel pour m'occuper d'une chose plus importante...

— Plus importante, monsieur ! murmura la comtesse qui manifesta quelque malaise.

— Il y a deux heures à peine, reprit Stephen Mac-Nab, on a rapporté Frank à Dudley-House, évanoui, mourant... Un terrible événement dont je ne puis vous rendre compte a retardé les premiers secours, et bien peu s'en est fallu que mon malheureux ami ne mourût sous mes yeux, victime d'un assassinat...

— Vous me faites frémir, monsieur ! dit la

comtesse ; un meurtre tenté sur un blessé !...

— Un empoisonnement, milady.

— Et... pensez-vous... pouvez-vous croire que l'adversaire de M. Perceval... ce serait horrible, monsieur !... ait été pour quelque chose dans cette lâche machination ?...

Stephen ne répondit pas tout de suite ; cette question, il ne se l'était point faite encore à lui-même, et un vague soupçon traversa son esprit. Mais rien ne donnait corps à ce soupçon et il répondit :

— Je ne puis le croire, madame.

Lady Ophelia respira.

— En tous cas, poursuivit Stephen, le danger est évité... Lorsque Frank a recouvré la parole, — il y a de cela une demi-heure, madame, — le premier mot qu'il a prononcé a été le nom d'une personne chère...

— Miss Trevor ?...

Stephen salua et reprit :

— Le second a été votre nom, madame.

L'embarras de la comtesse redoubla.

— Mon nom ! dit-elle ; — Oui... Je pense savoir pourquoi... Hier, au bal de Trevor-House, j'avais prié M. Frank Perceval... Je suis réellement désolée que sa blessure l'empêche...

— Il m'a envoyé en son lieu et place, madame, dit Stephen.

— Vous, monsieur!... M. Perceval ne peut croire... Ce que j'avais à lui dire était complétement confidentiel...

— Je suis son meilleur ami.

— Je n'en doute pas, monsieur, mais je ne puis...

— Frank souffre bien, madame, et il attend! interrompit Stephen.

— Vous me navrez, monsieur!... Ecoutez...

La comtesse s'arrêta tout-à-coup et prêta l'oreille avidement. Le marteau de la porte extérieure avait faiblement retenti.

—C'est lui, murmura-t-elle, c'est lui!

Son malaise devint une fiévreuse agitation.

— Monsieur, reprit-elle, cette entrevue doit finir à l'instant. Je refuse de vous prendre pour intermédiaire entre moi et M. Perceval... Ne me jugez pas à la légère, monsieur; car mes motifs sont bien graves, et veuillez ne point vous offenser, car ces motifs n'ont rien qui vous soit personnel...

Stephen s'était levé.

— J'espérais apporter une consolation au pauvre Frank... commença-t-il.

— Dites-lui, s'écria la duchesse, — dites-lui qu'il saura tout, dites-lui...

— Milord! interrompit la femme de chambre qui entr'ouvrit la porte du salon.

— Ne lui dites rien, monsieur; je réfléchirai... Faites entrer milord au boudoir, Jane... Priez M. Perceval de m'excuser, monsieur... faites-lui savoir combien je prends part à son accident, et... veuillez me pardonner de rompre aussi brusquement cet entretien.

Stephen salua froidement et sortit.

La comtesse retomba, épuisée, sur son fauteuil.

— Non! murmura-t-elle; — oh! non!... je ne puis révéler ce secret... ce serait le perdre... Inspirez-moi, mon Dieu!

En descendant l'escalier, Stephen coudoya un homme dont le chapeau rabattu cachait en partie le visage. Cet homme lui jeta un regard de côté et tressaillit légèrement.

Ce fut lui que Jane introduisit presque aussitôt après dans le salon en annonçant :

— Milady, milord marquis !

Rio-Santo porta respectueusement à ses lèvres la main de la comtesse et se tint debout devant elle. Il y avait dans ses beaux traits quelque chose qui ressemblait au dévoûment, à la tendresse, à la passion même, mais ce quelque chose était un masque dont un observateur expert cût aperçu facilement les jointures, pour habilement soudées qu'elles fussent. — La comtesse savait bien observer, mais elle perdait sa science auprès de Rio-Santo.

Elle le regarda un instant en silence. Son œil, triste et voilé d'abord, s'éclaira graduellement jusqu'à exprimer une sorte de quiétude.

Le marquis sourit doucement et s'en fut s'appuyer au dossier de son fauteuil.

— Vous étiez bien belle hier, Ophelia, murmura-t-il à l'oreille de la comtesse.

Celle-ci se retourna, et son front toucha presque la bouche de Rio-Santo. Elle se baissa honteuse.

— Vous m'en voulez, reprit-il, vous avez raison, madame, car c'est être bien coupable que de vous causer du chagrin, même involontairement... Vous savez mon secret pourtant, tout mon secret!... N'est-ce donc pas aimer que de se confier ainsi sans réserve!...

— Vous avez été quinze jours sans me voir, dit tout bas la comtesse avec des larmes dans les yeux.

— Mais aujourd'hui, je viens, Ophelia, je viens sans calculer le danger ; parce que je souffrais trop de l'absence... Croyez-moi, je regrette autant que vous, — plus que vous peut-être, — ces jours où nous étions heureux sans contrôle... Plus que vous je maudis cette fatalité qui me pousse en avant. — Personne n'échappe à sa destinée, madame. Il faut que j'atteigne mon but ou que je meure!

Rio-Santo s'était relevé. Son noble visage avait pris une expression de fierté indomptable, inflexible et sans bornes.

Lady Ophelia le contempla quelques secondes et joignit ses mains sur sa poitrine.

— Oh! je vous aime! murmura-t-elle ; — Dieu n'a point pitié !... Je vous aime plus que jamais !... je vous aimerai toujours !

Il s'assit sur un coussin aux pieds de la comtesse, qui passa ses deux mains dans les boucles lustrées de ses beaux cheveux noirs.

— Vous dites vrai, n'est-ce pas, murmura-t-elle; vous ne me trompez pas?... Mon Dieu! cet amour que vous me donnez; cet amour, occulte et honteux, — qui est la part dont ne veut pas ma rivale! — j'y tiens, José-Maria, j'y tiens plus qu'à la vie... plus qu'à l'honneur!... Oh! c'est moi qui ai tort de n'être qu'une pauvre femme et de n'avoir point à vous donner la puissance qui vous est due... c'est moi qui ai tort d'espérer et de croire que vous, — Rio-Santo, — vous vous abaisseriez jusqu'à moi.

— Folle! folle enfant! interrompit le marquis en couvrant de baisers la blanche main d'Ophelia.

Elle cessa de parler; ses yeux humides

se séchèrent et devinrent brûlans. Sa respiration pénible et entrecoupée souleva par soubresauts les charmans contours de sa gorge....

Il y avait maintenant de l'amour, de l'amour véritable dans l'œil ardent de Rio-Santo. — L'homme d'impressions soudaines cédait à l'impression du moment. Il était venu pour jouer une comédie, et, comme ces acteurs qui prennent au sérieux un rôle appris, il subissait au vrai sa fiction passionnée : il aimait.

Lady Ophelia savourait cet instant de bonheur et s'y cramponnait comme si elle eût craint de voir l'illusion s'enfuir.

— Oh! non... non! dit-elle enfin, sans savoir que sa pensée s'échappait au dehors ; — je ne le trahirai pas !... Que m'importent ces gens et leurs souffrances ?... il m'aime maintenant... Je ne dirai rien... rien !

Ses yeux fermés à demi ne voyaient plus. Sa pensée nageait vaguement en un rêve.

Rio-Santo, lui, avait saisi au passage chaque parole. Ses sourcils s'étaient froncés, laissant apparaître au milieu de son front rougi la longue ligne blanche d'une cicatrice perpendiculaire. Ses lèvres tremblaient sans produire aucun son, et un frémissement colérique agitait chacun de ses membres.

Il prit la main de la comtesse et la serra

sans doute bien fort, car la pauvre femme ouvrit les yeux en poussant un petit cri de douleur.

Elle pâlit en voyant la pose menaçante et les traits bouleversés du marquis.

— Qu'avez-vous, don José? demanda-t-elle.

— Madame, dit-il d'une voix sévère et contenue, il faut me répondre, entendez-vous!... me répondre clairement et sur-le-champ!... Que parlez-vous de trahir, et quel est cet homme que j'ai rencontré tout à l'heure sur mon chemin?

XIV

UN TÊTE-A-TÊTE.

Lady Ophelia, brusquement éveillée de son rêve, regardait le marquis avec effroi.

— Je vous attends, madame, dit-il froidement.

— Et que voulez-vous de moi, milord?

— Vous avez parlé de trahir, vous dis-je; vous en avez eu la pensée, madame, peut-être le dessein, et je viens de voir un homme sortir de chez vous. — Cet homme est l'ami de Frank Perceval.

— C'est vrai... il venait de sa part.

— De sa part! répéta Rio-Santo avec amertume; — je vous ai vue hier causer avec Perceval, madame; j'ai surpris entre vous des regards d'intelligence... Ne savez-vous pas que rien ne m'échappe et que, lorsque mes yeux sommeillent ou ne voient pas, cent regards sont là pour veiller à leur place?

— Je sais que vous êtes puissant, milord,

répondit la comtesse en relevant sa jolie tête avec une fierté calme; — puissant pour le mal comme l'ange déchu... Mais je ne vous crains pas.

— Vous ne me craignez pas! répéta Rio-Santo, dont la voix éclata sourdement et s'emplit de menaces.

— Je vous aime, hélas! je vous aime! dit la comtesse après un silence et avec une expression soudaine de navrant désespoir.

Un sourire de triomphe plissa durant une seconde la lèvre de Rio-Santo, qui reprit d'une voix où il n'y avait plus de colère:

— Ophélie, il faut me pardonner ces mouvemens de brusque courroux où s'échappe ma secrète souffrance... Je suis malheureux, vous le savez... Deux passions se partagent mon âme et s'y livrent un combat qui me tue... mon amour pour vous...

La comtesse leva ses beaux yeux bleus au ciel.

— Mon amour pour vous, continua résolument Rio-Santo et mon ambition sans limites... cet homme, ce Frank Perceval s'est trouvé sur mon chemin; je me suis détourné. Sur l'honneur, milady, j'avais pitié de cet enfant, qui, après tout, n'était hier qu'un innocent obstacle... mais cet enfant m'a insulté comme un homme et j'ai dû le punir...

— C'est donc bien vous? interrompit la comtesse.

— Vous étiez instruite?... Ah! milady, ce que vous appelez votre amour a parfois toutes les allures de la haine!... Oui, — c'est moi... mais tout en le punissant, j'ai encore eu pitié... au lieu de le tuer sans miséricorde, comme c'était mon droit et mon intérêt de le faire, je l'ai mis seulement hors de combat.

— Voilà qui est beau, milord, et généreux! dit la comtesse avec chaleur; — hélas! il y a encore en vous de nobles sentimens et c'est ce qui me perd!...

— A quoi m'a servi ma clémence? reprit

Rio-Santo. Vous lui aviez donné rendez-vous hier... Il croyait trouver ici de quoi me nuire... Ne dites pas non, madame... Et sa première pensée en retrouvant la vie qu'il me doit est de dépêcher vers vous un affidé. Mais qui donc vous pousse à me perdre, Ophelia?... Vous voulez vous venger... Je suis plus malheureux que vous!

— Non, milord, non, répondit la comtesse, je ne veux point me venger... Rien ne me pousse à vous perdre... Le hasard... ou plutôt votre impitoyable colère... m'a fait maîtresse d'un secret terrible... Je ne pense jamais à cette scène affreuse sans frémir... et parfois, il est vrai, ce mystère de sang pèse à ma conscience...

— Vous n'avez donc jamais été jalouse, milady? demanda Rio-Santo, qui mit en sa voix une expression insinuante et tendre.

— Je le suis, milord.

— Eh bien! ne comprenez-vous pas qu'un transport de jalousie?...

— Pas un mot de plus! interrompit la comtesse... Fi! milord.

Rio-Santo courba le front sous ce reproche. Il avait essayé le mensonge, et le mensonge lui faisait honte et dégoût, à lui que le crime n'épouvantait pas peut-être.

Il y avait entre lui et la comtesse bien des secrets d'amour, mais il y avait encore un autre *secret*. Ce secret révélé eût arrêté Rio-Santo dans ses projets les plus chers et mis en danger sa vie. Or, il venait d'acquérir la certitude que lady Ophelia, — soit vengeance, soit jalousie, soit tout autre motif,— avait eu la pensée de parler.

Dès la veille, ses soupçons avaient été excités à cet égard. C'était le motif de sa visite.

Or, maintenant qu'il connaissait le péril, restait à le conjurer. Sa cause était mauvaise et sa position difficile. Il avait brusquement délaissé la comtesse, tout en conservant avec elle, devant le monde, ces rapports de courtoisie qu'un gentleman ne peut point mettre en oubli. La recherche qu'il faisait de miss

Trevor était patente et publique. Par lui, la comtesse avait perdu réputation, repos et bonheur.

Mais la comtesse l'aimait, ce qui compensait tout cela.

Le marquis, fort de son avantage et d'autant plus sûr de soi qu'il avait jeté tout à l'heure au dehors sa fougueuse colère, mit en usage toutes ses ressources et gagna la partie, — ou, du moins, il dut croire qu'il l'avait gagnée.

Parcourant successivement toute une série de transitions habiles, il passa de l'amertume à la tristesse, de la tristesse à la mélancolie, de la mélancolie à la tendresse, de la tendresse aux élans les plus chauds de la passion. Et comme il était doué de cette inestimable faculté de sentir à mesure qu'il parlait, de se créer pour ainsi dire une vérité à lui, factice et réelle en même temps, chacune de ces gradations empreintes de bonne foi, chacune de ces paroles respirant la franchise, acquéraient une irrésistible éloquence.

On est fort lorsqu'on croit : Rio-Santo croyait.

Durant ce tête-à-tête, il passa, de fait et de tout cœur, par toutes les nuances qui séparent la colère de l'amour.

La comtesse écoutait, charmée ; la comtesse

revivait, retrouvait sa jeunesse, son espoir et son joyeux amour.

Oh! comme elle eût accueilli quiconque lui aurait demandé alors le secret de son Rio-Santo!

Mais l'éloquence a ses périls : elle est sujette à dépasser le but. Il n'y a que les rhéteurs pour ne se point tromper, et tel homme de génie capable de galvaniser la grave somnolence de la chambre des lords ou de faire taire les bruyantes conversations qui assourdissent les échos du bas parlement, commettra une *maladresse*, compromettra sa cause et servira ses adversaires. Au contraire, lord *** parlera pendant deux heures à la chambre haute sans faire plus de mal à ses amis qu'à ses ennemis, et l'honorable M. *** tonnera pendant trois sessions consécutives contre les catholiques d'Irlande sans compromettre le moins du monde ses nobles patrons qui l'estiment, l'aiment et l'apprécient comme doit l'être le plus fastidieux bavard des trois royaumes.

Rio-Santo était éloquent : il dépassa le but.

Voulant persuader et se faire fort de son amour, il lui arriva de dire que parfois, en lui, son ambition et sa tendresse pour lady Ophelia combattaient à armes égales, — son ambition, que pourtant il faisait à dessein si grande! son ambition, qu'il appelait de ce nom unique, mais qui, en réalité, servait un autre sentiment fort, fougueux, implacable, qui donnait à ses espoirs, à ses projets, à ses efforts une portée réellement gigantesque.

— En ces momens, poursuivit-il, j'hésite et je souffre davantage... Je sais qu'enrayer mes projets ce serait mourir, mais je me demande si mieux ne vaudrait pas mourir avec vous, Ophélie, que de vivre sans vous.

— Vous ne l'aimez donc pas, elle? demanda la comtesse.

— Mary?... Pauvre fille!... qui ne l'aimerait? dit Rio-Santo en affectant la pitié... Je voudrais l'aimer comme elle le mérite, madame; mais entre elle et moi il y a votre image...

— Si je croyais que vous m'aimez, don

José!... murmura la comtesse avec une expression étrange.

— Croyez-le, croyez-le, Ophélie! s'écria le marquis, emporté par une passion soudaine et véritable; — si mon but, — mon but qui m'entraîne et me tue, — disparaissait un jour à mes regards...

— Vous redeviendriez ce que vous fûtes pour moi, don José?

— Ai-je donc changé, madame?... Que faut-il vous dire pour vous convaincre?... Je reviendrais à vos pieds... qui sait?... guéri peut-être de ce mal d'ambition qui me consume.

— Peut-être, — répéta la comtesse qui se prit à rêver; et vous seriez tout à moi ?

— Tout à vous, madame...

L'entretien continna, tendre et doux ; les heures passèrent. Qui donc, à la place de Rio-Santo, n'eût point cru la victoire complète ?

Pourtant, à dater de cet instant, la comtesse fut distraite; une secrète pensée, espoir ou crainte, semblait absorber son attention.

— Je vais ce soir à Covent-Garden, dit-elle enfin. — Milord, m'y accompagnerez-vous ?

— Je vous y conduirai, Ophelia; mais j'ai place dans la loge de lady Campbell.

— Si réduite que soit votre offre, milord, je l'accepte... Veuillez m'attendre un instant.

Elle sonna. Jane parut et reçut ordre de préparer la toilette de milady.

Rio-Santo resta seul dans le salon.

Il se jeta sur un sopha et tomba insensiblement dans l'une de ces rêveries aimées qui lui étaient si habituelles. Mais cette fois sa rêverie n'erra point au hasard et fut déterminée par un beau portrait en pied de lady Ophelia qui décorait le salon.

Ce portrait, frappant de ressemblance, représentait la comtesse à l'âge de vingt ans. Elle avait peu changé depuis lors, et tout au plus pouvait-on dire qu'elle fût moins belle. Seulement, un étroit demi-cercle bleuâtre courait maintenant au dessous de ses yeux qui, dans le portait, surmontaient sans transition de fraîches joues de jeune fille.

Lady Ophelia, — ou son portrait, — avait de charmans cheveux cendrés, ondoyans, fins, à reflets rares et comme nacrés, dont les bandeaux encadraient un front de développement médiocre, mais singulièrement harmonieux de contours. Ses yeux, d'une couleur difficile à saisir et surtout à dépeindre, étaient doux, nobles et gardaient maintenant une arrière-nuance de mélancolie sous l'agate délicatement marbrée de leurs prunelles. Le reste de ses traits avait au suprême degré la beauté anglaise, beauté digne et pure, dont le défaut est de manquer d'expression et de grâce. Mais ce défaut n'était point chez lady Ophelia et d'ailleurs son regard eût donné de l'expression et du charme à la physionomie la plus insignifiante. Sa taille était moyenne et semblait grande à cause de la grâce noble qui régnait en son maintien. Elle avait des pieds de Française et ses mains atteignaient la suprême perfection du modèle aristocratique.

Tout cet ensemble, où dominait énergiquement l'élément aristocratique, « la race, » était un fidèle reflet du caractère de lady Ophelia. Dans sa nature prise à l'état normal, la distinction s'alliait à une sorte de fermeté courtoise et prévenante qui semble, en Angleterre, être le partage exclusif du sexe féminin. Il y avait certes entre elle et miss Mary Trevor quelques rapports éloignés de manières et d'éducation ; le type de leurs deux visages était bien également cette beauté britannique, suave, effacée, tournant un peu à l'idéal, mais, outre la différence d'âge, il y avait de l'une à l'autre un large intervalle. Mary était la faiblesse ; Ophelia était la force domptée ; miss Trevor, la douce et pauvre enfant, ployait avant d'avoir combattu ; lady Derby, vaincue, gardait sa fierté native et savait encore se redresser à l'occasion.

Ni l'une ni l'autre du reste n'avait de ces caractères qu'on puisse limiter précisément ou dépeindre d'une seule fois. Ils pouvaient se transformer ou tourner au souffle de ces vents capricieux qui apportent le calme ou la tempête dans l'atmosphère parfumée des salons. Faible, Mary pouvait se montrer forte quelque jour, par hasard, et lady Ophelia avait prouvé déjà qu'elle pouvait être faible.

Si nous avons été conduits à établir cette sorte de comparaison, c'est que Rio-Santo la faisait mentalement, tout en contemplant le portrait de lady Ophelia. Il était encore sous le charme de la récente entrevue, mais pas assez pour ne penser point à miss Mary Trevor.

Le lecteur se tromperait s'il prenait à la lettre les paroles prononcées par le marquis dans la chaleur du tête-à-tête. Rio-Santo s'était trompé lui-même lorsqu'il avait dit à lady

Ophelia que l'ambition seule le mettait aux genoux de miss Trevor. Il aimait Mary ; il l'amait davantage peut-être qu'il n'avait aimé lady Ophelia.

Quant à ce qu'il appelait son ambition, c'était, nous l'avons dit, un sentiment vigoureux, patient, indomptable, mais qui méritait peut-être un autre nom. Rio-Santo avait un vaste but ; ses regards portaient haut ; son bras était de force à atteindre jusqu'où portait son regard, et son cœur était plus robuste encore que son bras. Ce qu'il y avait au fond de son âme, nul ne le savait. Il marchait d'un pas ferme et sûr dans de ténébreux sentiers. Les moyens qu'il employait étaient étranges pour ne rien dire de plus. Sur la question de savoir si le but était de nature à excuser les moyens, le lecteur sera juge en définitive.

Après ce qui précède, il est à peine besoin d'ajouter que le marquis était allé beaucoup trop loin lorsqu'il avait dit à la comtesse : *Vous savez tous mes secrets.* La pauvre femme avait surpris par hasard l'un des anneaux d'une longue chaîne de mystères, et voilà tout. Ce secret isolé avait bien par lui-même une portée terrible ; mais il n'ouvrait nulle voie à la découverte du reste.

La comtesse ignorait ses projets aussi complétement que personne. Il couvrait tout de ce mot : « Ambition, » qui n'excuse rien, mais qui explique. Ophelia croyait comprendre, regrettait et souffrait.

Tandis que Rio-Santo flottait entre deux images charmantes qui sollicitaient ensemble ou tour-à-tour sa mémoire, lady Ophelia faisait précipitamment sa toilette et pressait sa femme de chambre, laquelle s'étonnait grandement de voir brusquer ainsi une œuvre de cette importance.

— Je vous remercie, Jane! dit enfin lady Ophelia de cet air qui signifie textuellement : — C'est fini !

— Milady ne se fera pas coiffer?

— Non, Jane.

— Milady ne mettra même pas quelques fleurs dans ses beaux cheveux ?...

— Non, Jane... Laissez-moi !... Attendez... donnez-moi, je vous prie, ce qu'il faut pour écrire...

— Milady oublie que milord...

Ophelia l'interrompit par un geste de nerveuse impatience, et Jane se hâta d'obéir.

— Allez ! dit Ophelia.

Jane sortit en jetant sur sa maîtresse un sournois regard d'étonnement.

— Il le faut !... il le faut... murmurait la comtesse en trempant sa plume dans l'encrier ; ne m'a-t-il pas dit que s'il venait à échouer...

Elle s'arrêta et posa la plume.

— Mon Dieu ! reprit-elle après un silence, — je ne sais... je ne sais...

Elle mit sa tête entre ses mains et réfléchit durant une minute, puis elle saisit de nouveau la plume et traça rapidement quelques lignes.

— Je prendrai sa parole, dit-elle, sa parole de gentilhomme !... Frank est un loyal cœur... Je lui ferai promettre... Ah ! il le faut ! je ne puis plus vivre ainsi, et cet espoir me rend insensée...

Elle plia sa lettre qu'elle adressa : — *A l'Honorable Frank Perceval*, etc.

Elle la laissa sur sa toilette et revint au salon.

— Vous jetterez à la poste, de suite, une lettre que vous trouverez sur ma toilette, Jane, dit-elle avant de sortir.

Un instant après, le bel attelage de Rio-Santo brûlait le pavé dans la direction de Covent-Garden.

Au moment où Rio-Santo descendait devant le péristyle du théâtre et offrait sa main à la comtesse, un homme lui toucha le bras, glissa un papier dans sa main et disparut aussitôt parmi la foule.

Rio-Santo, tout en montant les degrés, déplia le papier et lut à la dérobé :

« Côté gauche, n° 3. — Princesse de Longueville. »

— Occasion unique ! murmura-t-il en jetant un oblique regard à la comtesse ; — la princesse fera comme il faut son entrée dans le monde.

XV

THE PIPE AND POT.

Le théâtre royal de Covent-Garden est situé dans Bow-Street, et donne du côté du nord, dans Harte-Street. C'est un édifice vaste et médiocrement gracieux ; son principal mérite est de n'avoir point été construit par les soins de l'inévitable et terrible M. Nash, ce qui est un heureux et grand hasard.

Ce M. Nash, en effet, maçon infatigable, a rebâti la moitié de Londres. On le retrouve partout, partout on reconnaît son équerre inflexible dans ces maisons rougeâtres, droites, guindées, comme des gentlemen que gênerait l'empois de leurs cravates. M. Nash est le roi du plâtre, le dieu du fil à plomb. — Qu'il soit enterré dans un château de cartes !

Il est peut-être mort. — S'il est mort, qu'on jette en guise de fleurs des briques sur sa tombe et que Dieu soit instamment prié de ne lui point donner de remplaçant en ce bas univers !

Bien qu'il soit situé sur les confins du quartier fashionable, à égale distance du Strand, de Holborn et d'Oxford-Street, le théâtre de Covent-Garden, comme presque tous les théâtres de Londres, est assez mal fréquenté.

Les gens *comme il faut* (*the gentle people*) vont au temple plus qu'au spectacle, et, de fait, Saint-Paul vaut infiniment mieux que Drury-Lane.

Quand le fashion n'a point d'occupation meilleure, les loges de Italian-Opera-House s'emplissent. C'est la salle privilégiée, la seule enceinte admise. Une excursion à Drury-Lane est une exception, une caravane, une débauche. — Un voyage à Adelphi-Theatre passe les bornes de l'excentricité la plus dévergondée. —

Quant à Covent-Garden, on y joue les pièces de Shakspeare. De bonne foi, qui voulez-vous qui aille entendre et voir les rapsodies du vieux Will (1)?

Fi donc! à Londres, maintenant, nous avons mieux que tout cela! Shakspeare est bon tout au plus pour la *canaille* (2).

Nous sommes, — et cela est tellement incontestable que le plus débonnaire cokney boxerait bel et bien avec quiconque prétendrait le contraire, — nous sommes le peuple le plus civilisé de l'univers. A cause de cela,

---

(1) C'est le Français Jullien qui tient maintenant à bail l'historique salle de Covent-Garden. Roméo, Macbeth, Desdemone, ont fui devant le flageolet grinçant du rival de Musard! — Ce fait est le résumé le plus caractéristique et le plus complet de l'état de l'art en Angleterre.

(2) En français dans le texte.

voyez la logique ! nous trouvons pitoyable tout ce qui se fait chez nous et ne savons admirer que les talens exotiques.

Ce qui ne nous empêche pas de nous vanter à tout propos de notre supériorité universelle.

Orgueil de paroles, orgueil grossier, vantard, maussade ! Humilité d'actions, humilité volontaire, hélas ! humilité forcée. — Contraste ridicule !

Nous jouons le rôle de ce lord qui avait, jurait-il, le plus habile cuisinier du monde entier, et qui dînait tous les jours à la taverne.

Nos chanteurs sont italiens ou allemands ou français ; nos danseurs sont français ; nos artistes gravent des tableaux français; nous applaudissons les tragédies françaises jouées par une actrice du Théâtre-Français. — Quelque jour, Dieu me pardonne, nous traduirons Shakspeare en français afin de le pouvoir comprendre !

Et nous détestons les Français ! Lorsque nous mettons un Français dans nos comédies ou drames indigènes, c'est toujours un malheureux, un faquin, un fanfaron couard, un fat loquace...

A cela, soit dit sans offenser nos compatriotes, on ne peut assigner qu'une raison. Tout débiteur déteste plus ou moins son créancier. Londres emprunte à Paris.

Inde iræ.

Ce soir-là, le théâtre royal de Covent-Garden donnait une représentation allemande. Ses acteurs ordinaires se reposaient pour céder leur place à une société d'artistes germaniques qui devaient chanter le *Freyschutz* de Carl Weber.

C'était une œuvre étrangère exécutée par des étrangers. La noblesse et le gentry (1) pouvaient donc venir l'admirer sans trop se compromettre.

Dès cinq heures et demie, il y avait foule aux alentours du théâtre. Les public-houses voisins, en s'illuminant, laissaient voir leur intérieur rempli de chalands, et les policemen

---

(1) La *noblesse*, proprement dite, en Angleterre, ne se compose que des lords et de leur famille. Le *gentry* vient après et comprend depuis le baronnet jusqu'au simple esquire. — Après le gentry vient le *public*.

commençaient à montrer leurs chapeaux à demi-calottes de cuir et leurs sceptres de plomb.

A Londres, quand les policemen se montrent, c'est que les voleurs ne sont pas loin. On serait tenté de croire que ces derniers les poursuivent. A coup sûr du moins, ce ne sont pas les policemen qui poursuivent les voleurs.

Au nord du théâtre, dans Harte-Street, s'ouvre une rue courte et large qui mène dans Long-Acre. Tout le long des trottoirs de cette rue, dans Long-Acre et dans Harte-Street, des groupes nombreux stationnaient, s'abritant de leur mieux contre les flots de lumière qu'épandaient aux alentours les jets multipliés du gaz.

D'un groupe à l'autre allaient et venaient des jeunes femmes merveilleusement parées, lesquelles, après deux ou trois tours de trottoir, allaient se reposer dans quelque public-house, s'asseyant sans façon sur les genoux d'un habitué.

Dans la rue, ces malheureuses créatures semblaient mériter la qualification que nous venons de leur donner ; elles avaient toutes l'air de *jeunes femmes,* mais lorsque, dans les tavernes, on pouvait les considérer de près, on reconnaissait que beaucoup d'entre elles n'avaient point franchi les limites de l'enfance. Il y avait là des courtisanes de treize ans, de quatorze ans, mêlées aux vétérans femelles de l'infamie.

Il se rencontrait parmi elles de ravissantes filles, des visages d'ange, des traits fins, des yeux pudiques. Quelques unes rougissaient encore pour tout de bon. Mais il y avait des petits démons de quatorze ans qui en eussent remontré aux prostituées émérites du continent; il y en avait qui eussent distancé en fait de rouerics les *lorettes* parisiennes, les *lorettes*, ces sirènes que nous a fait connaître, de ce côté du détroit, le crayon spirituel du peintre français Gavarni.

En descendant Bow-Street, et tournant Russell-Lane, à droite du théâtre, on trouvait une autre population, ressemblant à la première comme les petits marchands peuvent ressembler à des négocians bien assis. Les groupes de Brydge's-Street étaient composés de gens au costume hétéroclite et besogneux ; les courtisanes, qui affluaient là en quantité plus grande, s'il est possible, que dans Long-Acre et Harte-Street, étaient vêtues d'oripeaux brillans et sans valeur. C'étaient aussi, pour la plupart, des enfans, mais des enfans surmenés, fourbus par la précocité du vice, et qui avaient évidemment escompté trop tôt la puissance de mal faire que Dieu laisse à l'homme. Là, les cabarets étaient plus sombres, les becs de gaz plus rares, l'alignement des maisons moins parfait.

Quiconque avait intérêt à se cacher pouvait le faire, — ce qui est précieux aux abords d'un théâtre pour une certaine industrie.

Enfin, au devant même du théâtre, dans une petite ruelle qui mène tortueusement à Drury-Lane, et que ses habitués chérissent sous le nom de Before-Lane (allée de devant), bien que ce ne soit point son étiquette officielle, un troisième système de rôdeurs établissait son quartier-général. Ceux-là étaient en haillons, et l'allée complétement obscure où ils s'abritaient était en merveilleux rapport avec leur sale et misérable apparence.

Quelques pauvres filles, dont la toilette ne jurait point trop avec ce boueux cloaque et la piteuse assemblée qui s'y cachait, s'égaraient parfois jusque dans Before-Lane, en rasant de près et la tête basse les trottoirs de Bow-Street. Elles trouvaient là encore des cabarets, car les cabarets ne manquent nulle part aux environs des théâtres de Londres, mais quelles cavernes, bon Dieu !

Un de ces public-houses, situé à égale distance de Bow-Street et de Drury-Lane, conservait une sorte d'apparence et semblait regretter des jours meilleurs. A l'extérieur, un débris d'enseigne pendait encore à une verge de fer rouillé ; à l'intérieur, le comptoir supportait une douzaine de verres dont six au moins n'étaient que fêlés, et si le parloir n'avait plus de draperies, il possédait en revanche une tenture complète de toiles d'araignées. Quant au *tap*, c'était un monceau de décombres provenant de la chute d'un plafond, — nul n'entrait jamais dans le *tap*.

Cette taverne, la plus belle de l'allée, se nommait : *The Pipe and Pot.*

En ce moment, c'est-à-dire une demi-heure environ avant l'ouverture du théâtre, elle n'était occupée que par deux ou trois chalands à triste mine, buvant et fumant dans le parloir.

De temps à autre, quelqu'une de ces pauvres filles dont nous avons parlé entrait, montrait à la lueur douteuse d'un quinquet enfumé son visage d'enfant, usé, flétri, vieilli, et ressortait pour accomplir sur les trottoirs voisins sa faction d'infamie.

Puis, à mesure que l'heure du spectacle

avançait, d'autres chalands arrivaient et prenaient un verre de gin dans le comptoir.

— Entrez, Mich, mon beau-frère, dit au dehors une petite voix aigre et cassée ; entrez le premier. Je suis un homme, que diable ! et je sais la politesse.

Presque aussitôt deux couples traversèrent le comptoir et entrèrent dans le parloir.

C'était quelque chose de curieux que ces deux couples. Le premier était composé d'une petite fille pouvant avoir treize ans, laquelle donnait le bras à un fort garçon d'une quarantaine d'années. Cette petite fille résumait en soi tout ce que nous avons dit touchant ces prostituées en bas âge, qui sont la honte la plus hideuse de Londres. Elle était frêle, maigre et d'une extrême pâleur que dissimulait mal une couche épaisse de rouge grossièrement appliquée. Sa taille, arrêtée avant terme dans sa croissance par des excès de tout genre, avait en petit les caractères d'une taille de femme faite. Sa figure, fatiguée, laissait deviner une beauté souillée en sa fleur, mais si bien souillée et dénaturée qu'il n'en restait plus que des traces à peine saisissables. Ses yeux, bordés par une paupière échauffée, avaient de ces regards hardis qui ne connurent jamais la pudeur; sa bouche s'ouvrait convulsivement pour laisser passer les rauques éclats d'une voix brisée et haletante.

Elle avait nom Loo-la-Poitrinaire.

Son cavalier, qui se nommait Mich, n'avait rien de particulier dans sa tournure ni dans son visage. C'était tout simplement un vagabond de Londres, au grand corps développé par le bœuf et l'ale, aux cheveux roux, à la face enluminée. Le remarquable n'était point en lui, mais dans le contraste frappant qui existait entre lui et sa compagne. Loo, en effet, quoi qu'elle pût faire, pendait littéralement à son bras, auquel sa petite main se cramponnait de son mieux.

Le second couple était le contre-pied exact de celui-ci. Il se composait d'une grande femme à l'air dur, insolent, maussade, et d'un tout petit garçon.

La grande femme était vêtue comme les

porteuses à la mer, c'est-à-dire qu'elle avait un chapeau féminin, une redingote masculine et des bottes par dessous ses jupons. Toutes les diverses parties de cet étrange uniforme étaient dans un état de délabrement convenable, le chapeau surtout portait de nombreuses traces de coups de vent, — qui étaient peut-être des coups de poing. Elle se nommait Madge, avait passé la quarantaine et fumait dans une pipe courte à vaste fourneau.

Son cavalier n'était autre que le petit Snail, frère de Loo-la-Poitrinaire.

Bien que ce quadrille ne fût pas, à tout prendre, des plus brillans, son entrée fit révolution dans le personnel de *La Pipe et le Pot*. La tavernière, Peg Witch, horrible vieille comme il en croit dans les boues de Londres et non pas ailleurs, appela son aide Assy, et se précipita vers la case que les nouveaux arrivans venaient de choisir.

— Bonjour, sorcière Peg, dit Snail d'un ton de gentleman ; bonjour, Assy-la-Rousse ; saluez ma femme Madge et ma sœur Loo, pardieu ! saluez mon beau-frère Mich... Et du gin ! et de l'ale et de tout ce qu'il y a dans votre sale bouge, damnées !... C'est moi qui paie !

— Bien, mon petit monsieur Snail, répondit Peg en saluant à la ronde.

— Je ne suis pas petit ! s'écria Snail avec colère et en frappant la table boiteuse de son faible poing; — je suis plus grand que ma sœur Loo, qui est la femme de Mich... et Mich a cinq pieds six pouces... — Du gin, fiancée du bourreau!

Peg Witch salua de nouveau, sourit et s'en fut chercher à boire.

D'ordinaire, les reines de taverne ne dérogent point ainsi et restent inamovibles derrière le comptoir; mais l'étiquette était chose inconnue à *La Pipe et le Pot,* et Peg Witch n'était pas une femme comme il faut, dans le genre de mistress Burnett des *Armes de la Couronne,* pour faire ainsi des façons avec ses pratiques.

— As-tu soif, Loo ? demanda Snail (1).

— J'ai toujours soif, répondit Loo ; — donne-moi du tabac, Mich.

— Vois-tu, Mich, reprit Snail, je veux te faire un sort puisque tu es l'homme de ma sœur, — à qui je tiens lieu de père, le nôtre étant un pauvre diable d'honnête homme.

— Ne parle pas du père, Snail ! dit Loo dont

---

(1) Commençant ici une série de scènes populaires, nous croyons devoir faire observer que le tutoiement est chose tout à fait inusitée à Londres, même parmi le peuple. Si donc, en traduisant, nous sommes conduits à employer cette formule, c'est pour nous conformer au génie de la langue française.

le front se couvrit d'un nuage; c'est un brave vieux... Donne-moi du tabac, Mich.

— Bien, Loo, bien!... Le père est ce qu'il est... Mais pour ce qui regarde Mich, j'ai une place dans ma manche... Ma jolie Madge, voici le gin : un verre à la santé de votre homme !

Madge ôta sa pipe de sa bouche.

— Mon homme?... répéta-t-elle d'un air étonné.

— Quelle belle voix elle a, cette petite Madge! s'écria Snail en caressant le menton barbu de la porteuse à la mer ; — on dirait le basson des *Horse-Guards*... C'est moi qui suis ton homme, ma gentille...Que diable ! n'est-ce pas vrai cela?

— C'est juste ! dit Madge, qui remit sa pipe à sa bouche.

— Et quel emploi veux-tu donc me donner, petit Snail ? demanda Mich.

— Je te brise les reins si tu m'appelles petit Snail, beau-frère... C'est entendu... Je veux te donner un emploi... Sais-tu aboyer, Mich?

— Aboyer ?

— Oui... Moi je sais miauler... Ecoute.

Snail mit tout-à-coup sa tête sous la table, et l'on entendit un miaulement aigu, prolongé, tout plein d'atroces cadences chromatiques.

La grande Madge se leva, tant l'illusion fut

complète ; Mich regarda sous la table de la meilleure foi du monde, ce qui donna occasion à Loo de vider le verre de son amant d'un seul trait.

Ce ne fut pas tout, Peg Wich et Assy-la-Rousse s'élancèrent dans le comptoir, armées de manches à balais, pour chasser le prétendu matou qui poussait des cris si lamentables.

Le triomphe de Snail était complet.

— Du gin ! sorcière Peg ! dit-il, garde tes manches à balais pour le sabbat... Ma sœur Loo étrangle de soif et ma jolie Madge a le gosier sec comme... Allons ! comme n'importe quoi... Du gin !

— Donne-moi du tabac, Mich! dit Loo dont la tête était déjà lourde d'ivresse.

— Tu vois si je sais miauler, beau-frère! s'écria Snail. Sais-tu aboyer, toi?

— Ce n'est pas un métier, cela, répondit le grand garçon en haussant les épaules.

— Oh! ce n'est pas un métier!... Combien gagnes-tu, Mich, à décharger les allèges sur le port?

— Deux shellings, pardieu! c'est connu.

— Deux shellings... bien!... Et combien gagnes-tu dans ton métier de filou?

— Parle bas, petit drôle...

— Je ne suis pas petit, de par le diable! épais coquin que tu es... Combien gagnes-tu!..

— C'est selon... pas grand'chose.

— A boire, Mich, dit Loo; — et du tabac.

— Pas grand'chose, reprit Snail qui mit la main dans son gousset et en retira les guinées d'Edward and C°; — eh bien, moi, voilà ce que je gagne, beau-frère, sans compter les aubaines.

— A miauler? dit Mich, dont les gros yeux exprimaient une stupéfaction complète.

— A miauler, mon beau-frère, à miauler comme un matou au mois de mars... Tiens, ma jolie Madge, je te donne une guinée... prends!

Madge en prit deux sans dire merci.

— Et moi? demanda Loo.

— Toi, je te donne à boire... Eh bien, Mich?

— Je voudrais savoir aboyer, Snail.

— Il faut apprendre... Vois-tu, Mich, au lieu de battre la pauvre Loo quand elle ne t'apporte pas le soir une couronne, tu lui donnerais un bowl de grog chaud, pour sa poitrine qui la tue, pauvre fille!

Il y avait une nuance de sensibilité vraie

dans ces paroles du petit Snail, qui reprit bientôt d'un air fanfaron :

— Quand tu sauras aboyer, beau-frère, ma protection te vaudra l'emploi de Saunie l'Ecossais ; — tu connais Saunie, le premier amant de Loo ? — qui est mort aujourd'hui... par accident.

— Mort ! répéta Loo d'une voix rauque ; — il n'y a plus de gin !

— Du gin, sorcière Peg ! ma sœur Loo a soif, et il faut humecter sa pauvre poitrine... Est-ce entendu, Mich ?

— C'est entendu... Je remplacerai Saunie.

On apporta du gin. Le quadrille but, fuma

et but encore durant un quart d'heure environ. Au bout de ce temps, il se fit un mouvement dans la rue.

— L'ouverture! dit Snail en se levant; — viens-tu, Mich?

—Allons, Loo! cria Mich; —debout, paresseuse! debout, et travaillons!

Loo ouvrit ses yeux morts, puis les referma et mit sa tête sur la table.

— J'ai du feu là dedans, murmura-t-elle en montrant sa poitrine maigre et haletante.

—Pauvre Loo! dit Snail avec attendrissement. —Je te paie sa soirée deux shellings, Mich... Laisse-la ici!.. Sorcière Peg, donnez du gin à la jolie Madge et à Loo tant qu'elles vous en demanderont... et que le diable vous confonde, sorcière Peg!

Snail sortit précipitamment avec Mich et enfila au pas de course Before-Lane. Les deux *beaux-frères* se trouvèrent bientôt devant la façade de Covent-Garden dont les portes s'ouvraient en ce moment.

XVI

INVENTAIRE DE POCHES.

Lorsque Snail et Mich, son *beau-frère*, arrivèrent devant le théâtre, la scène avait complétement changé d'aspect. Toute la population des tavernes, tous les divers groupes épars naguère dans Long-Acre, Harte-Street. Russell et Before-Lane, s'étaient rués à la fois devant la façade. Il y avait cohue factice, foule dont la moitié à peine représentait des spectateurs sérieux.

L'autre moitié se composait de voleurs et d'agens de police, les premiers *travaillant*, les autres regardant avec ce calme imperturbable qui va si bien aux policemen de Londres.

C'était un pêle-mêle, un désordre étranges et tels qu'on ne croirait point qu'il pût exister dans une ville civilisée. Les voleurs *travaillaient* avec une adresse méritante, mais surtout avec un aplomb miraculeux. Les foulards changeaient de poche comme par enchantement. Les bourses tombaient des goussets

percés dans des mains à propos tendues ; les
montres s'en allaient avec les chaînes de sûreté
et les breloques et jusques aux clés.

A ce moment où les portes viennent de
s'ouvrir, c'est la foule qui entre, le *public*,
ce qu'ailleurs on appelle les gens de rien. On
ne voyait sous le péristyle que d'honnêtes
boutiquiers et leurs moitiés. Le lecteur aurait
pu y reconnaître avec une satisfaction que
nous sommes faits pour apprécier, mistress
Crubb, mistress Black, mistress Brown et
aussi mistress Bloomberry ; peut-être mistress
Dodd et mistress Bull étaient-elles perdues
quelque part dans la cohue. Ce qu'il y a de
certain, c'est que mistress Foote et mistress

Crosscairn les cherchaient activement sans les pouvoir trouver.

Du reste, ces huit excellentes et discrètes personnes devaient se souvenir long-temps de la représentation allemande, car leur huit tabatières passèrent dans la poche des hardis filous, qui eurent soin de ne point crier gare. Snail, pour sa part, en récolta deux et s'en servit pour entretenir l'amitié qui régnait entre lui et la jolie Madge.

Mais il y avait là, ma foi, bien d'autres personnes de notre connaissance.

Voyez! au plus fort de la foule, un homme se glisse. On dirait un serpent se coulant au milieu d'une haie vive. Ses mains manœuvrent avec une rapidité prodigieuse. Où donc disparaissent, bon Dieu! tous les objets qu'il s'approprie? Il ne dédaigne rien : foulards, mouchoirs de coton, montres, pans d'habits qu'il coupe sans que leur propriétaire s'en doute le moins du monde; tout lui est bon. Il trouve place pour tout : ses mains s'emplissent incessamment et sont toujours vides.

Suivez bien! voici un policeman de mauvaise humeur qui le prend sur le fait, — *flagrante delicto*. — Notre homme se retourne et lui adresse un sourire très aimable.

— Bien charmé de vous rencontrer, monsieur Handcuffs, lui dit-il avec courtoisie; — je pense que mistress Handcuffs est en bonne santé, comme je le souhaite... Je vous cherchais depuis huit jours pour vous faire un petit présent.

Le policeman sourit à son tour, tend la main et reçoit un souverain qu'il fait disparaître avec une adresse qui sent d'une lieue son ancien filou.

— Bien le bonsoir! reprend notre homme, — et mes respects sincères à mistress...

Il poursuit paisiblement sa besogne interrompue.—Il prend, il prend toujours! Encore une fois, quel est donc cet homme et dans quel gouffre s'enfouit le produit de sa piraterie?

Eh! qui serait-ce donc, lecteur, sinon notre ami Bob-Lantern, qui a cinq poches à son paletot, quatre poches à son pantalon, trois à son gilet et nous ne savons combien à sa chemise? qui, sinon Bob, gagnant comme il peut sa pauvre vie, et travaillant pour Tempérance, — le cher cœur! — que bien des lords voudraient avoir et qui mesure cinq pieds six pouces au plus bas!

La vie est durement chère et Bob n'a pas des représentations allemandes tous les jours.

Çà et là, se montrent aussi quelques uns de nos émeutiers des bureaux Edward and C°; mais la plupart, endimanchés et pourvus de grosses maîtresses fabuleusement altérées, boivent dans les tavernes voisines les guinées de M. Smith.

Mais nulle part vous ne découvririez les larges épaules et la haute taille de la belle Tempérance. Tempérance, modèle accompli de fidélité conjugale, comparable à Pénélope, à Creüse, supérieure à Lucrèce, ne se mêle point ainsi à la foule et boit solitairement une quantité incroyable de gin, dans l'atmosphère brûlante de la cave de Saint-Giles. Elle boit, la vertueuse épouse, voilà son seul et innocent passe-temps. Vous n'obtiendriez point ses faveurs au prix d'un trône...

Mais, à l'aide d'un pot d'*old-tom*, vous apporteriez très positivement le trouble au sein du ménage de Bob-Lantern.

Passons des filous au *public*.

Au plus fort de la cohue, voici une tête maigre et longue qui dépasse toutes les autres têtes de quatre bons pouces pour le moins ; elle est grave, soutenue par un col de crin et s'emboîte entre deux épaules que recouvre un frac bleu.

Cette tête appartient à notre digne ami, le capitaine Paddy O'Chrane.

Le capitaine prend ce soir du loisir. Il vient de boire un bowl de *cold-without* (1), préparé comme il faut, par les mains de la fille qui a remplacé Susannah aux *Armes de la Couronne*. Il a son plus bel habit bleu à bou-

---

(1) Mot à mot : froid-sans. — Les habitués des tavernes se servent de ce terme pour désigner le grog *froid-sans* sucre.

tons noirs, il a sa plus jaune culotte chamois ; il est en bonne fortune.

En bonne fortune avec mistress Dorothy Burnett elle-même. Nous ne la pouvons point voir, parce que son rouge et gros visage est à un pied au dessous de la surface de la foule, mais elle est là, nous l'affirmons sur l'honneur, au bras du bon capitaine qui a grand'peine à retenir les marques de sa légitime fierté.

On entrait, cependant, mais on entrait lentement, et les voleurs avaient tout le temps de faire à loisir leur récolte.

— Patience, ma chère mistress Burnett, patience, Dorothy ! disait le bon capitaine ; — encore un petit quart d'heure et nous nous prélasserons dans deux bonnes places de galerie que j'ai louées, — Dieu me damne, Dorothy ! — au prix de deux shellings la pièce.

— Oh ! Paddy ! oh ! monsieur O'Chrane ! murmura mistress Burnett, — j'étouffe... Je donnerais six pences pour avoir de l'air !

Le capitaine, dont la tête recevait en plein levent du soir qui ne pénétrait pas jusqu'à sa malheureuse compagne, enfouie dans la cohue, respira longuement et avec satisfaction.

— Où diable prenez-vous que l'air manque ici, Dorothy ? demanda-t-il ; le vent vous siffle dans les oreilles... Ah ! misérable drôle ! je t'y prends.

Ces derniers mots s'appliquaient à un personnage dont le capitaine venait de saisir la main dans sa poche. Il tenait ferme, mais ne pouvait point se retourner à cause de la pression de la foule.

—Messieurs, dit-il à ses voisins de derrière, — agissez en vrai Anglais, de par Dieu !... arrêtez-moi ce piteux coquin qui ne sait pas son métier, le diable m'emporte !

Personne ne répondit à cet appel, comme de juste. A Londres, la maxime : *chacun pour soi* est appliquée avec une rigueur inflexible.

— Dorothy ! s'écria le capitaine, dont le poignet commençait à faiblir ; dégagez votre bras, ou que Dieu vous confonde ! et tâchez de m'aider à retenir ce bandit.

Mistress Burnett essaya de se retourner et réussit à souffler comme une machine à vapeur, voilà tout.

Le filou, pendant cela, usant par une pression continue la force du poignet de Paddy, finit par lui faire lâcher prise et s'esquiva.

Le capitaine fouilla vivement sa poche.

—Le drôle n'en a pas eu le démenti ! grommela-t-il ; — je ne connais que ce coquin de Bob pour avoir un sang-froid pareil... Moi qui avais justement besoin de lui parler... Mon amour, on m'a volé mon foulard,

— Monsieur O'Chrane, répondit la tavernière, j'étouffe !

— Que le diable !... c'est-à-dire, mon amour, je vous plains sincèrement... Ce foulard m'avait coûté une demi-couronne dans Field-Lane, vous savez, mon amour ?

— Eh bien ! monsieur O'Chrane, je dis que Dieu vous a puni... Tous les foulards qu'on vend dans Field-Lane sont des foulards volés... J'étouffe, monsieur !... Et si vous achetiez vos mouchoirs dans d'honnêtes maisons, comme par exemple chez ma cousine mistress Crubb, ou bien encore...

— Ou bien encore chez le diable, madam !

— J'étouffe, monsieur !

Le capitaine Paddy O'Chrane et sa compagne mettaient à ce moment le pied sur le dernier degré du perron. Le supplice de la rouge tavernière touchait à son terme. Elle allait bientôt pouvoir respirer à pleine poitrine l'air fade et chaud qui, dans une salle de spectacle bien emplie, se dégage du parterre et va suffoquer le cintre. Cette perspective la soulageait par avance, de même que la vue du rivage guérit, dit-on, du mal de mer.

Parvenu au sommet du perron, le capitaine Paddy se dressa de toute sa hauteur, ce qui n'est pas peu dire, et jeta un regard circulaire dans la foule au dessous de soi. Il ne vit point ce qu'il cherchait sans doute, car il gronda sourdement, releva son col de crin et se haussa sur ses pointes. Dans cette nouvelle position, il figurait assez bien un baliveau, débris oublié d'une futaie haut lancée, qui dresse son tronc maigre et droit au milieu d'un taillis trapu. Son regard erra long-temps parmi la foule sans plus de succès que la première fois.

— C'est une chose étonnante, sur ma parole! grommela-t-il en se laissant lourdement retomber sur ses talons ; — étonnante ou le diable m'emporte!... Il n'y a pas un seul de ces pervers coquins dans la foule... Et à qui diable veut-on que je m'adresse, si ce n'est à ces chers garçons ?

— Je sens un peu d'air, monsieur O'Chrane.

— Bien Dorothy, fort bien... Moi, je sens

encore une main dans ma poche ; mais, de par tous les diables, celui-là ne m'échappera pas.

Le capitaine avait en effet saisi la main d'un second filou et la serrait à la broyer.

Un miaulement où il y avait de la douleur et de l'ironie se fit entendre derrière lui, et presque en même temps deux dents aiguës et tranchantes comme des dents de brochet s'enfoncèrent dans la chair de ses doigts.

— Snail, abominable matou ! s'écria Paddy en faisant de convulsifs efforts pour se retourner, — de par l'enfer, je te tordrai le cou si tu ne lâches pas ma main !

— Fi, capitaine, fi ! — de par l'enfer ! — répondit Snail après avoir donné un dernier coup de dent. — N'avez-vous pas honte de venir au spectacle sans foulard !... Baissez la tête que je vous dise quelque chose.

— Je veux mourir si cette maudite vipère ne m'a pas mordu jusqu'au sang ! grommela Paddy qui pourtant se baissa ; — qu'as-tu à me dire, Snail ?

— J'ai à vous dire, capitaine... Tiens ! c'est mistress Burnett des *Armes de la Couronne !*... Pas dégoûté, monsieur O'Chrane !... J'ai à dire... De par Dieu ! comme mistres Burnett est rouge, capitaine !

— J'étouffe ! dit machinalement la pauvre

tavernière, qu'un flux de foule avait rejetée dans son état de quasi-asphyxie.

— Elle étouffe, capitaine! répéta Snail ; il faut donner des coups de poing dans le dos aux personnes qui étouffent... C'est connu !

Et Snail frappa bel et bien la grosse aubergiste entre les deux épaules.

— Oh! monsieur O'Chrane! oh!... râla-t-elle suffoquée à la fois par le manque d'air et la colère.

La cohue riait aux alentours.

— Là! dit Snail ; la respectable dame est soulagée et me doit un verre de gin gratis pour le moins... Quant à vous, capitaine, ajouta-t-il tout bas, j'ai à vous dire qu'il y a du *fun*, ce soir, pour sûr!

— Comment sais-tu cela, maître *scamp* (gamin)?

— Je sais cela... Eh! mais, je sais bien des choses, capitaine, allez... Et pour ce qui est du *lark* (1) de ce soir, comptez-y!... Tous les amis sont à faire l'amour et à boire dans les *flash-houses* de Drury-Lane et de Bow-Street. Turnbull mugit comme un bœuf dans

---

(1) *Fun* et *Lark* dans l'argot populaire ont la même signification; mais *lark* qui veut dire proprement *alouette*, est bien plus usité et employé par les gentlemen du plus haut ton. — Le fameux marquis de Waterford est, entre autres choses, un *larker*. Quant au *fun*, c'est une farce, un tapage, une *noce*, comme diraient parfois nos faubouriens.

le *spirit-shop*, auprès du *station-house* (1)... Il boit comme un trou à la santé du pauvre Saunie qui est mort... Il y a eu convocation en grand, capitaine, et je parierais Madge contre mistress Burnett que nous allons danser ce soir le vrai bal des *larkers !*

Paddy et la dame de ses pensées touchaient presque au seuil du théâtre.

— C'est bon, petit tas de boue, c'est bon, cher et charmant enfant! dit le capitaine entre ses dents. — Tu pourrais bien avoir raison, et du diable si mistress Burnett ne serait

---

(1) *Flash-house*, cabaret où il y a des filles de mauvaise vie; *spirit-shop*, débit de rhum, eau-de-vie et whisky; *station-house*, corps-de-garde dont la destination est la même que notre *violon* national.

pas mieux à son comptoir qu'ici... Enfin n'importe, s'il y a bal, nous danserons.

— A bientôt, capitaine, reprit Snail ; — je ne vous en veux pas, au moins, pour le foulard que vous avez oublié d'apporter... Bien des respects à mistress Burnett !

— Et où vas-tu comme cela ? demanda Paddy.

— A *The Pipe and Pot,* capitaine ; si vous avez besoin de moi, venez. Vous trouverez là Madge, — ma femme, — ma sœur Loo, Mich et d'autres.

— Bien, Snail, que le diable t'emporte, mon fils !.. Allons, Dorothy, mon amour, entrons, s'il vous plaît.

Dorothy ne demandait pas mieux. Elle lâcha un instant le bras du capitaine et passa le seuil. Paddy se préparait à la suivre, mais il était dit que cette soirée serait pour lui grosse d'incidens bizarres.

Au moment où il allait franchir le seuil, deux mains se posèrent lourdement sur ses épaules, et une voix inconnue murmura ces mots à son oreille :

— Je vous défends de vous retourner pour me voir, *gentleman of the night!*

Paddy s'arrêta et ne bougea pas. — Le *rush* (presse, *queue*) continua d'entrer et le sépara de mistress Burnett qu'il perdit de vue.

— Connaissez-vous lady B..., la maîtresse du duc d'York? demanda la voix.

— Oui, milord.

— Si elle vient, au premier acte, dans la loge de S. A. R., vous descendrez au foyer, de suite après le tombé du rideau. — Au foyer, un homme vous abordera et prononcera le mot. Vous ferez ce qu'il vous dira.

— Oui, milord.

— Si elle ne vient pas au premier acte, vous attendrez le second : si, au second, elle n'est pas venue, vous attendrez encore...

— Oui, milord... Et quelle sera, s'il vous plaît, ma besogne?

Les mains cessèrent de s'appuyer sur les hautes épaules de Paddy.

— Point de réponse! grommela-t-il. — Du diable si je ne donnerais pas un shelling ou deux pour voir la figure de ce mystérieux coquin, — que je respecte, comme c'est mon devoir... Toujours des secrets! Je ne suis pas curieux : mais si je ne savais que milords de la Nuit sont plus puissans qu'il ne faut pour me faire pendre, je trouverais bien moyen de voir clair en tout ceci.

— Paddy! monsieur O'Chrane! cria une voix lamentable sous le péristyle intérieur du théâtre.

— Bien, Dorothy, mon amour, gros robinet à gin! répondit le capitaine : — Dieu me damne! il faut bien faire ses affaires.

Et le bon Paddy entra sans oser se retourner pour voir le propriétaire de cette voix mystérieuse qui venait de lui parler à l'oreille.

XVII

LA QUEUE DES ÉQUIPAGES.

La foule était entrée. Une pluie fine et glaciale commençait à tomber. Il n'y avait plus devant le théâtre que quelques gens de police. Les filous avaient regagné les cabarets où ils trafiquaient maintenant des objets volés, soit entre eux, soit avec des recéleurs que l'occasion attirait naturellement à cette foire ténébreuse.

Bob-Lantern vendit le foulard du capitaine deux shellings, et Snail retira trois couronnes de l'agrafe de mistress Burnett, qu'il s'était dextrement appropriée pendant sa conversation avec Paddy.

A presque tous les théâtres anglais, il y a trois entrées bien distinctes. La première, celle du *public*, a lieu à l'ouverture des bureaux : la seconde se fait une demi-heure après celle-ci : le *gentle people* arrive en voiture ; il y a *rush* d'équipages comme il y avait tout à l'heure rush de piétons.

Ici, l'avidité des coupeurs de bourse est violemment sollicitée, car la moindre aubaine serait excellente et mieux vaudrait fouiller un seul de ces nobles goussets que vingt poches bourgeoises; mais les difficultés sont grandes et la plupart des voleurs ne se donnent même pas la peine de quitter les public-houses en entendant sur le pavé le tonnerre des équipages.

D'abord, il n'y a pas foule proprement dite, on ne se presse pas, on ne se pousse plus. Ensuite les grooms ont des cannes longues et flexibles qui prennent la mesure du dos d'un industriel suspect avec une facilité singulière; ensuite, les policemen, si mous, si indolens lorsqu'il s'agit du *public,* s'éveillent un peu pour protéger milords et miladies. — Il ne faudrait point pourtant s'exagérer ce dernier obstacle, car, dormant ou éveillé, le policeman est presque toujours une fort maussade inutilité (1).

Quoi qu'il en soit, quelques voleurs, jeunes pour la plupart, hardis, adroits au degré suprême, et à qui l'expérience, aidée de deux ou trois lustres passés à Newgate, n'a pas encore appris à dédaigner la chevaleresque maxime : « A vaincre sans péril, on triomphe sans gloire ; » quelques filous impubères, disons-nous, se risquent entre les équipages,

---

(1) De grands perfectionnemens ont été apportés à l'institution des policemen, qui sont fort loin actuellement de mériter tous les reproches de l'auteur anglais.

s'approchent des gentlemen sous un prétexte, avertissent les ladies qu'elles perdent quelque chose, etc., etc., et parviennent parfois à conquérir une cassolette, un mouchoir brodé, une montre, le tout assaisonné d'un nombre décent de coups de cannes.

Il va sans dire que Snail occupait une place distinguée parmi les jeunes aventuriers dont nous venons de parler.

La troisième entrée enfin, l'entrée à *demi-prix* est un privilége accordé aux dernières classes du peuple. Elle a lieu de neuf à dix heures, et nous aurons à nous en occuper plus tard.

Une des premières voitures qui s'arrêta devant le péristyle de Covent-Garden fut celle de lady Campbell. Miss Mary Trevor et sa tante mirent pied à terre sans encombre et montèrent les degrés du perron.

— Avancez, cocher! prenez tour...

— Prends tour, maraud! s'écria du fond d'un autre équipage une voix flûtée et grasseyante. — Ma toute belle, — je parle sérieusement, — ce drôle est capable de laisser passer avant nous cet ignoble *cab* (1)!

Le marche-pied tomba ; la portière s'ouvrit et M. le vicomte de Lantures-Luces descendit avec précaution. Il tendit la main.

---

(1) Cabriolets de place fermés, — sortes de coupé à un seul cheval.

— Vicomte, je cherche mon flacon dit une voix brève et cavalièrement timbrée, à l'intérieur.

— En vérité, charmante, en vérité!...

Le vicomte bondit, rentra dans sa voiture et trouva le flacon. Cela fait, il redescendit et tendit de nouveau la main.

— Je suis sûre, vicomte, dit la voix cavalière, que vous avez égaré mon éventail !

Le vicomte rebondit, escalada le marchepied et fut assez heureux pour trouver l'éventail demandé.

— Allons, *diva mia!* dit-il, donnez-moi votre main, je vous prie !

— C'est une chose terrible, vicomte! s'écria la voix cavalière avec pétulance ; — mon mouchoir a disparu.

Lantures-Luces, avec une patience admirable se replongea une troisième fois dans l'équipage, et remit le mouchoir aux mains d'une dame assise sur la banquette du fond. — A quelque chose malheur est bon. S'il n'avait pas fait ce mouvement, ses breloques eussent passé dans la poche du petit Snail qui avait déjà la main dessus.

— Charmante, dit le vicomte en redescendant, allez-vous me faire la grâce de me donner votre jolie main?

— Avancez donc, *God by !* — cria le cocher

du *cab*, lequel attendait, pour débarquer sa *pratique*, que ces façons eussent pris terme.

La pratique, paraîtrait-il, n'était pas moins impatiente que son cocher, car elle lui arracha le fouet des mains et allongea aux deux chevaux un coup en estafilade qui indiquait un véritable bras de sportman.

Les deux chevaux se lancèrent, et l'automédon du vicomte ne put les empêcher de faire en avant deux ou trois pas qui laissèrent le passage libre. — La dame se prit à pousser des cris perçans.

— Qu'avez-vous, charmante, qu'avez-vous, cara mia? s'écria Lantures-Luces. — Vous êtes, monsieur un brutal; je parle sérieusement. Voici ma carte, monsieur ! — Il jeta sa carte dans le coupé. — Ne vous effrayez pas, chère belle... et veuillez me faire la grâce de me donner votre jolie main.

Cette fois, la dame exauça la prière du petit Français, mit sa main gantée dans la sienne, et, repoussant le marche-pied d'un coup de jarret qui fit violemment osciller la voiture, elle se trouva portée d'un seul bond à trois pas au delà de Lantures-Luces, sur l'une des dernières marches du perron.

Un groupe de dandies qui s'était rassemblé sous le péristyle se prit à battre des mains en disant :

— Brava ! brava ! la Briotta !

— Charmante ! murmura Lantures-Luces étourdi ; ma parole d'honneur, charmante !... je parle sérieusement.

Snail, changeant de tactique, sollicita doucement un cordon de soie qui correspondait au lorgnon du vicomte. Le lorgnon sortit à moitié du gousset.

Pendant cela, le gentleman du *cab* était descendu et comptait tranquillement avec son cocher.

La Briotta, légère et folle fille, prit un nouvel élan et s'en fut tomber au milieu du groupe fashionable.

— Diable ! dit Lantures-Luces dont Snail

venait de voler le binocle, et qui ne s'en apercevait pas, exclusivement occupé qu'il était de sa volage *diva*.

A ce même moment, Snail, en possession de son butin, voulut naturellement s'esquiver, mais un policeman, le bâton levé, lui barra le passage. De l'autre côté, le gentleman du *cab* s'avançait gravement vers Lantures-Luces, sans doute pour lui demander raison de son apostrophe.

Voici ce qui arriva.

Le policeman, impatienté des feintes de Snail qui cherchait passage en se jetant à gauche puis à droite, laissa enfin retomber sa lourde baguette plombée. Snail l'évita en miaulant;

la baguette s'en fut tomber d'aplomb sur l'é-
paule du gentleman.

— Goddam! dit stupidement l'agent de police.

Le gentleman recula d'un pas, boutonna
d'un mouvement rapide son frac élégant et
porta ses deux poings à la hauteur de l'œil.
Le policeman eut l'air d'avoir envie de soutenir le choc, mais la lanterne d'un équipage
ayant éclairé par hasard le visage de son adversaire, il s'enfuit comme s'il eût eu le diable à ses trousses.

— Hé! s'écria Lantures-Luces, c'est ce cher
Brian de Lancester... Ah! ah! vive Dieu! messieurs, avez-vous vu quelque chose de plus

drôle? comme ce policeman a pris ses jambes à son cou!... Très cher, je voudrais savoir boxer comme vous pour punir un manant qui a fouetté tout à l'heure mes chevaux, au risque de briser notre chère idole, Briotta la diva.

— C'est moi, dit Brian qui redressait avec soin les revers déboutonnés de son frac.

— N'en parlons plus alors, très cher! s'empressa de dire Lantures-Luces ; — que diable ! vous êtes assez de mes amis pour vous permettre...

Le vicomte pirouetta.

— Bonsoir, Brian! s'écria l'Italienne en

quittant le groupe de dandies pour s'élancer vers M. de Lancester; — il n'y a que vous d'amusant à Londres, mon ami... Venez-vous pour me voir danser ?

— Pas flatteur! murmura Lantures-Luçes ; — non !... pas flatteur, ma foi !

Brian et la danseuse échangèrent une virile poignée de main.

— Je viens pour moi, madame, répondit ensuite Brian.

— Pas poli ! pensa le vicomte; non !... pas poli, ma foi !

Le groupe des dandies fit grande fête à Brian de Lancester. La danseuse *plantant là* le vicomte qui l'avait amenée, se suspendit bon gré mal gré au bras de ce nouveau venu, qui allait en *cab*, mais qui semblait occuper dans l'échelle du fashion une magnifique et fort enviable position.

C'était un homme de trente-cinq ans environ, maigre, mais bien constitué, d'une taille au dessus de la moyenne, élancée à la ceinture et carrée aux épaules qui avançaient un peu et se portaient trop haut. Ses traits, admirablement modelés et dont les contours semblaient fouillés au ciseau, avaient cet aspect glacial et compassé des visages anglais de pur sang; mais dans le regard grave de son œil vert de mer, veiné de noir, il y avait une audace sans mesure, tenant presque de l'effronterie, et quelque chose de froidement railleur, en opposition directe avec l'expression ordinaire d'un regard britannique. Son front haut, large, pur et noblement dessiné, relevait puissamment l'effet de cette physionomie qu'adoucissait une charmante chevelure blonde, molle, bouclée, et où n'avait certes jamais passé le fer indigne du coiffeur.

Pour beaucoup, Brian de Lancester n'eût point été un bel homme, mais certaines femmes le proclamaient un homme charmant, ce qui vaut mieux, et d'autres femmes, rendues plus discrètes par une position plus relevée, pensaient tout bas ce que les premières disaient tout haut. C'était, du moins, pour tout le monde, et cela se voyait de reste sur son visage, un homme énergique et hardi. C'était de plus, malgré son enveloppe de glace, un homme fougueux à sa manière, fougueux jusqu'à la passion,—mais ceci par intervalles et par boutades.

C'était encore un homme original : un *eccentric man*.

Dieu sait qu'il nous faudrait de longues pages, spéciales, étudiées, consciencieuses, éloquentes, pour expliquer, ne fût-ce que sommairement, le monde d'idées qui se cache sous ce mot sans prétention à l'euphonie et fort laid en soi : *eccentric man*. Le caractère de l'Honorable Brian de Lancester, pour ceux de nos lecteurs qui daigneront le suivre, expliquera mieux le mot et la chose que toute espèce de dissertation.

Lantures-Luces, Brian et les dandies entrèrent de compagnie. La danseuse alla prendre la porte réservée aux artistes.

Ce fut à ce moment que l'équipage de lady Ophelia s'arrêta devant le péristyle. L'homme, qui avait parlé par derrière au capitaine Paddy et qui semblait guetter l'arrivée de quelqu'un, caché derrière l'angle saillant d'une maison, écrivit à la hâte quelques mots au crayon sur une page de ses tablettes, la remit avec un shelling à l'un des aventuriers qui croisaient sur la place et lui désigna Rio-Santo descendant de voiture. Comme nous l'avons vu, le message arriva à son adresse.

Madame la princesse de Longueville et sa tante, madame la duchesse douairière de Gèvres, étaient arrivées depuis quelques minutes.

Le premier acte était près de finir, et la salle de Covent-Garden présentait ce soir-là un fort brillant aspect. Toutes les loges, d'ordinaire désertes ou mal occupées, resplendissaient de magnifiques parures, et il y avait du beau monde (*gentle folk*) jusques aux galeries.

Nous croyons absolument indispensable de donner ici quelques détails touchant la position de nos personnages dans la salle.

Dans la première loge, sur le théâtre, à gauche (répondant aux avant-scènes des théâtres de France), il n'y avait personne. Cette loge attendait S. A. R. milord duc d'York, dont elle était la propriété ; la loge voisine était occupée par lady Campbell et sa nièce, la suivante par madame la princesse de Longueville et sa tante. De l'autre côté du théâtre, on voyait, dans la première loge, lady Ophelia et Rio-Santo ; dans la seconde un vaste écran interceptait la vue des personnages qui pouvaient s'y trouver ; la troisième était occupée par des dames.

Aux loges de face, nous eussions reconnu bien peu de visages. Mais nous pouvons dire tout de suite au lecteur que ce monsieur, pâle, sombre, ennuyé, fatigué, maussade, qui semble regarder fort attentivement le plafond de sa loge et ne point faire attention à autre chose, est milord comte de White-Manor, frère aîné de Brian de Lancester, et maître de l'honnête M. Paterson, l'intendant qui fait des affaires avec Bob-Lantern.

Au rez-de-chaussée, à gauche, sous la loge du duc d'York, il y avait une immense baignoire, formée de deux loges dont on avait mis bas la cloison. Dans cette loge s'agitait M. le vicomte de Lantures-Luces, au milieu des dandies que nous avons rencontrés sous le peristyle.

Enfin, aux galeries supérieures, le bon capitaine Paddy O'Chrane, droit et raide, élevait sa titus à deux pieds et demi au dessus des bandeaux pommadés de la rouge mistress Burnett, dont la robe détachée, grâce à Snail qui avait volé son agrafe, permettait à ses formes de se montrer dans toute leur effrayante majesté.

Paddy, tout en répondant comme il couvient à un Irlandais galant et bien appris aux questions de mistress Burnett touchant le spectacle et les acteurs, ne perdait pas un instant de vue la loge du duc d'York. Cette loge restait déserte et le bon capitaine put croire un instant que l'entr'acte suivant se passerait pour lui dans les douceurs d'une conversation intime avec la tavernière aimée.

Mais au moment où le rideau se baissait, la porte de la loge s'ouvrit avec fracas, et lady Jane B... y fit son entrée, couverte de diamans, sous les feux croisés de cent fashionables binocles braqués sur la personne de Sa Seigneurie.

Paddy poussa un profond soupir.

— Mon amour, dit-il ; ma chère mistress Burnett, — que diable ! — ne mangeriez-vous pas une orange avec plaisir ?

— En avez-vous, monsieur O'Chrane ?

— Je vais en aller chercher, madam, ou que je sois damné !

Et le capitaine quitta précipitamment sa place, laissant sa compagne stupéfaite d'un empressement aussi inusité.

— C'est une bonne pâte d'homme que ce

M. O'Chrane, pensa-t-elle, mais j'aurais mieux aimé un verre de rhum.

Paddy, au lieu d'aller chercher des oranges, descendit tout droit au foyer. Il n'avait pas fait trois pas encore, lorsqu'un homme, qu'il ne connaissait point, lui barra le passage et le toisa de la tête aux pieds.

— Capitaine Paddy ?... murmura cet inconnu après examen fait.

Puis il lui toucha légèrement la poitrine de son doigt tendu en disant :

— *Gentleman of the night.*

Paddy s'inclina respectueusement.

L'inconnu le prit à l'écart dans une embrasure. Ils causèrent environ dix minutes.

— Il y a des *hommes de la famille* dans tous les cabarets des environs, dit le capitaine au bout de ce temps ; — je vous trouverai cela.

— Un homme adroit !...

— Une anguille !... Soyez sans inquiétude, milord.

L'inconnu mit un doigt sur sa bouche et se retira.

Paddy poussa un second soupir.

— Du diable si mistress Burnett ne serait

pas mieux à son comptoir qu'ici! murmura-t-
l; — mais qui choisirai-je de ce boueux mi-
serable de Bob, le pauvre ami, ou du cher enfant, le petit Snail... une immonde créature!... Lequel prendre?

XVIII

UN ENTR'ACTE.

Au tomber du rideau, un mouvement général eut lieu dans la salle, en même temps qu'un murmure s'élevait de toutes parts. Le parterre se mit à causer; les galeries commencèrent une multiple et bruyante conversation ; les loges se firent des visites. Il n'y avait peut-être dans toute la salle que la pauvre mistress Burnett qui ne pût communiquer à personne les impressions qu'avait produites en elle la musique allemande et le talent de ses interprètes. Mais elle vivait d'espoir et pensait que le galant capitaine Paddy O'Chrane reviendrait bientôt avec des oranges.

La loge la plus bruyante était, sans aucune espèce de contradiction, la grande baignoire qui contenait Lantures-Luces et les dandies. De cette loge partaient à chaque instant des exclamations qui s'efforçaient d'être originales et spirituelles, des épigrammes gros-salées et d'extravagantes offres de gageures. — Lantures-Luces se mêlait peu à la conversation. Il lui manquait deux choses : la signora Briotta, qu'il tâchait d'afficher et qui lui échappait par chaque tangente, et son lorgnon en paire de ciseaux, son cher lorgnon dont il sentait bien douloureusement la perte.

Rio-Santo, qui s'était rendu dans la loge de lady Campbell où il avait sa place, revint, en faisant ses visites, vers la comtesse. Il s'appuya sur le dos de son fauteuil et promena son binocle par la salle avec indifférence.

— Mais je ne me trompe pas! dit-il tout-à-coup avec un air de joyeux étonnement; — voici madame la princesse de Longueville!

— Où? demanda la comtesse.

— Là bas, madame, à côté de miss... à côté de lady Campbell... Vous permettez que j'aille lui offrir mes hommages : je l'ai connue beaucoup à Paris.

— Qu'elle est belle! dit involontairement Ophelia.

— Elle passait pour être la plus belle femme du faubourg Saint-Germain, qui est le lieu du monde où l'on rencontre le plus de belles femmes, répondit Rio-Santo en saluant pour se retirer.

La comtesse le suivit un instant de l'œil et reporta ses regards sur Susannah.

Celle-ci était réellement éblouissante. Elle portait une robe de velours bleu foncé dont la nuance ne se révélait que par les reflets d'azur qui couraient le long des arêtes de chaque pli et vers le sommet des profils. Cette couleur mate et sombre faisait ressortir la chaude carnation de ses épaules et mettait en relief les contours exquis de sa gorge demi-nue, sur laquelle une magnifique agrafe de diamans faisait glisser par intervalles de blanches et rapides lueurs. Ses beaux cheveux noirs, domptés par la main d'une camériste habile, tombaient maintenant en masses symétriques et comme affaissées sous le poids de leur luxuriante abondance. Çà et là, sous une boucle agitée, ou parmi les tresses qui s'enroulaient à quadruple tour sur son peigne d'or, on voyait scintiller l'éclair d'un diamant, comme on voit par les nuits noires d'automne briller sous quelque massif de verdure le thorax phosphorescent d'un lampyre.

Et puis toute cette mort du désespoir ou de l'apathie avait disparu sans laisser de trace. La belle statue vivait maintenant; elle vivait plus et mieux qu'autrui. Autour de son front de reine il y avait comme une auréole d'intime et vague jouissance. Son regard brûlait sous l'arc renversé de ses grands cils de soie. Sa pose n'avait plus seulement cette grâce immobile que peut chercher et trouver un sculpteur; c'était un véritable réveil : Galathée avait frémi, mais elle avait frémi avant le baiser de Pygmalion.

Car ce divin sourire, il n'avait fallu que l'espoir pour le faire éclore, ce feu de l'âme qui jetait son éclat jusqu'à l'œil, il n'avait fallu que l'espoir pour l'allumer.

Susannah attendait. — Et que le luxe lui semblait enivrant et doux ! Et quels suaves enchantemens elle avait recueillis parmi cette harmonie d'Allemagne qui glisse, bruyante, vide, incomprise, sur le dur épiderme de nos tympans britanniques !

Elle n'avait point aperçu encore Brian, qui écoutait, distrait et froid, juste au dessous d'elle, les pauvres lazzi de Lantures-Luces et les gageures folles de ses compagnons ; mais elle savait qu'elle allait le voir, lui parler...

Comment ? — Susannah ne se demandait point cela. Elle pouvait, à l'occasion, rivaliser de perspicacité avec un diplomate ; mais elle pouvait aussi parfois croire à l'aveugle comme les enfans. Ceci était un peu le résultat de sa nature et beaucoup celui de l'étrange école où le hasard avait mis son enfance.

Nous saurons l'histoire de Susannah.

La comtesse ne pouvait point détacher d'elle son regard.

— Qu'elle est belle, mon Dieu!... qu'elle est belle! murmura-t-elle encore.

La pauvre Ophelia rapportait tout à son unique pensée. Chaque femme lui était une rivale. La beauté de cette nouvelle venue lui mit au cœur un navrant effroi en même temps qu'une sorte de jalousie rétroactive.

— Il l'a connue, pensait-elle. — Et que empressement à la revoir !

La loge de madame la princesse de Longueville s'ouvrit, et Rio-Santo entra.

Susannah leva sur lui un regard indifférerent. Ce n'était pas lui qu'elle attendait. A ce regard, Rio-Santo répondit par un autre, perçant, froid et scrutateur. La belle fille, habituée à ne s'étonner de rien, ne put soutenir ce coup d'œil puissant et bizarre qui sondait, qui fouillait, qui retournait son âme. Un poids se suspendit à ses cils ; sa paupière tomba sous l'effort d'un trouble invincible. Elle sentit quelque chose comme de la crainte et du respect devant cet homme qu'elle n'avait jamais vu pourtant et dont elle ne connaissait point le nom.

Au moment où elle baissait les yeux, un nuage passa sur le front hautain de Rio-Santo. Il sembla chercher parmi ses abondans souvenirs — peut-être quelque ressemblance lointaine, peut-être...

Mais on perdrait sa peine à vouloir analyser sans cesse les mobiles impressions de cette nature où l'intelligence et le cœur semblaient soutenir une lutte de hâtive vitesse, de cet homme qui dévorait la vie par les deux bouts et par le milieu, jouissant avec les sens, avec la mémoire et avec l'espérance, appelant sans relâche le passé ou l'avenir pour prêter aide au présent, qui ne suffisait point à son appétit de vivre.

La vieille Française cependant s'agitait et faisait force démonstrations. Rio-Santo la salua d'une façon équivoque et qui contrastait étrangement avec la distinction habituelle et exemplaire de ses manières. Ensuite il s'avança vers Susannah qui releva timidement ses grands yeux noirs. Il lui baisa la main.

— Madame la princesse, dit-il, veut-elle bien me permettre de lui offrir mon respectueux hommage ?

— Le marquis de Rio-Santo, ma chère enfant, ajouta la duchesse de Gêvres en guise de présentation.

Susannah s'inclina et dit à voix basse :

— On m'a dit bien des choses, monsieur... Je me souviens de quelques unes ; j'apprendrai les autres...

— Je ne vous comprends pas, madame, interrompit en souriant Rio-Santo. J'étais venu pour vous parler de Paris.. Quelles nouvelles de France, s'il vous plaît ?

— Le marquis ne sait rien, mon ange ! glissa la duchesse à l'oreille de Susannah.

— Je croyais qu'il était le maître que je dois servir, balbutia la belle fille en rougissant.

La duchesse fit un signe d'énergique négation, et Susannah baissa de nouveau les yeux, mais pas assez vite pour qu'on n'y pût lire l'expression d'un doute.

Rio-Santo la contempla encore durant une minute.

— Madame, dit-il ensuite à la Française qu'il avait attirée au fond de la loge, — trouvez sur-le-champ un prétexte pour faire retraite... Il faut que cette jeune fille soit seule quand je reviendrai dans cette loge.

Cela dit, il salua Susannah et sortit.

Madame la duchesse douairière de Gêvres fut peut-être un peu blessée de ce brusque congé, mais il n'y parut point.

— Ma chère enfant, dit-elle, — j'aurais

voulu rester près de vous pour vous guider et vous soutenir, mais je me sens sérieusement indisposée, et, à mon âge, il faut de la prudence... Je vais vous laisser seule, Susannah; souvenez-vous bien de mes instructions... Obéissez aveuglément à tout homme, — fût-il un mendiant de la rue, — qui prononcera à votre oreille les paroles que je vous ai dites.. N'oubliez pas que vous venez de France et parlez comme la veuve du prince Philippe de Longueville, mon malheureux neveu... Quant au marquis, ma fille, plus d'indiscrétion, je vous supplie!... Le marquis n'est pas des nôtres, et....

— Madame, interrompit Susannah, ne verrai-je pas bientôt Brian de Lancester?

La vieille Française se prit à sourire.

— Patience, ma toute belle, patience! répondit-elle; vous le verrez bientôt et vous le verrez long-temps... Au revoir, ma fille... courage! et bien du plaisir avec l'Honorable Brian de Lancester !

Madame la duchesse douairière s'enveloppa dans sa douillette. Susannah resta seule.

Rio-Santo était revenu vers lady Ophelia. Il s'assit auprès d'elle et ouvrit la bouche pour parler, mais, — chose à coup sûr fort étrange, car il ne fallait pas peu pour intimider Rio-Santo, — il hésita et sembla chercher ses paroles.

C'est qu'il allait tenter une démarche hardie et peut-être sans précédent chez notre aristocratie, esclave de l'usage et sanglée sans cesse dans l'étroit corset de l'étiquette nationale. C'est que, si grand que fût l'amour de la comtesse, les premières paroles de Rio-Santo devaient révolter en elle, il le savait, tous les instincts de sa fierté d'Anglaise et de lady. — Or, ce sont là choses périlleuses à soulever, car souvent, chez nos dames, ces instincts sont plus forts que l'amour.

Aussi le marquis sentant pour ainsi dire le terrain trembler sous ses pas, hésitait et gardait le silence.

Les femmes qui aiment devinent. La comtesse vint à son secours.

— Auriez-vous quelque chose à me demander, milord ? dit-elle.

— Oui, milady, répondit Rio-Santo dont le malaise fut légèrement diminué par cette avance ; — j'ai une grâce à vous demander... un service, futile en apparence, et qui, en d'autres pays, serait la chose du monde la plus simple, mais qui, eu égard à vos mœurs anglaises...

— Ne savez-vous pas, milord, que je ne refuserai point ?

Rio-Santo devait s'attendre à cette réponse, et pourtant elle lui causa une sensation pénible.

— Certes, madame, dit-il, je crois à votre bonté sans bornes. Je vous demanderais sans crainte un important service ; mais il est des bagatelles... Je crois, voyez-vous, que j'ai beaucoup trop tardé à vous dire ce dont il s'agit...Madame la princesse de Longueville, dont j'ai mis souvent à contribution à Paris la charmante hospitalité, se trouve seule ici avec sa tante, madame la duchesse de Gêvres, dont la mauvaise santé neutralise le bon vouloir... Tenez! la voici seule maintenant dans sa loge et je voudrais gager que madame la duchesse a été forcée de se retirer... Je serais bien heureux, milady, si vous daigniez me venir en aide pour acquitter envers la princesse ma dette de courtoisie... J'aurais l'honneur de vous la présenter...

— Ici, milord? interrompit Ophelia.

— Si vous voulez bien le permettre milady.

— Non, milord... cela ne peut se faire ainsi.. les convenances...

— Vous me refusez ! dit Rio-Santo avec reproche.

La comtesse se leva.

— Milord, dit-elle, veuillez me donner votre bras ; pour acquitter comme il faut votre dette, il est bon que les premiers pas soient épargnés à l'étrangère... Vous me présenterez à madame la comtesse de Longueville, et j'aurai l'honneur de lui offrir ma loge, milord.

Santo-Rio baisa la main d'Ophelia avec une véritable reconnaissance, et la comtesse se trouva payée par le caressant amour qu'il mit dans son regard.

Quelques secondes après, la comtesse et Rio-Santo entraient dans la loge de Susannah. Celle-ci se leva, et au grand étonnement du marquis, qui venait de la voir timide et embarrassée, elle fit les honneurs avec une grâce simple, mais parfaite. Elle répondit aux avances de la comtesse comme il convient et de manière à soutenir la vieille réputation de cette noblesse de France qu'elle était censée représenter et qui passe à raison ou à tort pour la plus courtoise de l'univers.

Si le marquis de Rio-Santo avait un intérêt personnel et sérieux à ouvrir pour Susannah les portes closes du grand monde britannique, il dut vivement s'applaudir. Le résultat dépassait toute attente. Deux dames, — une princesse et une comtesse, — présentées l'une à l'autre par un homme, — à Londres !

C'était un travail herculéen, un miracle accompli !

Et maintenant tout était dit. Le premier pas franchi, plus d'obstacles. Au bras de la comtesse de Derby, Susannah pouvait entrer partout, car elle portait titre de princesse ; et primer partout, car elle était belle entre les plus belles.

Mais, sans lady Ophelia, son titre de princesse eût été comme ces clés d'or qui ne s'adaptent à aucune serrure. Il faut être présenté. C'est la règle, c'est l'axiome, c'est le pivot raide, éternel, lourd à virer, autour duquel tourne incessamment l'échafaudage entier de l'étiquette anglaise.

Mais, encore une fois, tout était dit. Susannah, la fille du juif pendu, entrait de plain-pied dans ce palais de l'aristocratie, au seuil duquel se damnent, sans le pouvoir jamais franchir, tant de plébéiens millionnaires.

Rio-Santo prit congé lorsqu'il eût ramené les deux dames à la loge de la comtesse.

Susannah s'assit. Tout aussitôt, les quinze ou vingt lorgnons de la grande loge du rez-de-chaussée se braquèrent impétueusement sur elle, et l'on entendit toutes sortes d'exclamations admiratives, jointes à des offres de parier ; — qu'elle n'avait pas vingt ans,

— qu'elle était Italienne; — qu'elle avait plus de cheveux que la Briotta, — que son agrafe valait deux mille livres, etc., etc.

Lantures-Luces aurait bien voulu parier et surtout parler, mais il avait perdu son binocle en paire de mouchettes. — Et qu'était Lantures-Luces sans son binocle en fer à papillottes?

— Je connais les cheveux de la Briotta! dit-il seulement avec discrétion; — je parle sérieusement... ce sont de beaux cheveux!... Je ne vois pas cette lady, sans cela, je parierais tout ce qu'on voudrait. Mais j'ai confiance en ce cher Brian... Brian, vive-Dieu! très cher, dites-moi votre avis sur les cheveux de cette belle inconnue... Voyons!

Brian de Lancester était dans l'ombre, au fond de la loge où il bâillait avec enthousiasme.

— quelqu'un de vous a-t-il aperçu milord mon frère? demanda-t-il au lieu de répondre à la question de Lantures-Luces.

— Je n'ai pas mon lorgnon, très cher, répliqua ce dernier.

Les autres répondirent négativement, et l'un d'eux ajouta :

— Est-ce que vous voulez lui payer sa rente ce soir, Lancester?

— Je suis venu pour cela, messieurs.

Il se leva et se pencha vers le devant de la loge.

— Une admirable femme! dit-il en apercevant Susannah.

— A la bonne heure! s'écria le vicomte; maintenant, je jurerais qu'elle est ravissante... J'ai une confiance aveugle en ce cher Brian.

— Au revoir, messieurs, dit celui-ci; je vais chercher milord mon frère.

— Pauvre comte! reprit le dandy lorsque Brian fut parti,—savez-vous, messieurs, qu'à la place de lord de White-Manor ce diable de Brian me rendrait fou!

— Il y aurait de quoi.

— Brian le mène bon train, pardieu ! dit un autre, et c'est bien fait !

On se remit à parler sport, danseuses, ladies, gilets, champagne, cravaches, etc.

Susannah et la comtesse étaient restées seules et en présence. De la part d'Ophelia, il y avait certes bien des motifs de préventions défavorables contre cette femme qui lui était ainsi brusquement imposée, — que Rio-Santo avait connue et qu'il tenait tant à servir ; mais bien fou celui qui voudrait subordonner à des causes logiques ou seulement réelles ces sentimens spontanés, rapides, capricieux, qui sont en somme la femme ou, si mieux l'on aime, la conscience de la femme : son cœur et son cerveau. — La comtesse fut invinciblement et dès le premier abord attirée vers Susannah; elles sympathisèrent tacitement avant d'avoir échangé d'autres paroles que les officielles banalités d'une présentation. Puis, lorsqu'elles se parlèrent, elles pensèrent toutes deux en même temps qu'elles s'aimeraient.

Elles causaient donc sans souci de l'attention que la salle entière portait sur la nouvelle venue et sans s'inquiéter des exclamations diverses partant de la *loge infernale* (1),

---

(1) Nom d'une loge de l'Opéra parisien où se rassemblent, dit-on, les lions du boulevart de Gand.
(*Note du texte original.*)

comme l'appelait le petit Français Lantures-Luces, lorsque Brian de Lancester se pencha sur le devant de cette même loge pour regarder Susannah. La belle fille l'aperçut et s'arrêta au milieu d'une phrase commencée. Tout son être fut instantanément immobilisé. Le regard de Brian la frappa au cœur, à la tête, partout, comme fait le choc magnétique d'une torpille, touchant sous l'eau le corps nu d'un nageur.

La comtesse eut presque sa part du choc, tant il fut violent et subit ; elle remarqua la pâleur de Susannah, et, suivant curieusement son regard, elle vit Brian qui sortait de la loge infernale.

— Elle l'aime ! pensa-t-elle.

Car c'est là le premier, l'unique soupçon qui vienne à l'esprit d'une femme.

La comtesse garda désormais un discret silence et détourna la tête, laissant sa compagne s'isoler et se complaire en son émotion.

Du reste, on peut affirmer que ce soupçon doubla tout d'un coup sa sympathie, par cela même qu'il mettait Rio-Santo hors de cause, écartant ainsi le seul motif de froideur qui pût contrecarrer la naissante bienveillance de la comtesse.

Susannah, elle, s'attendait à voir entrer Brian de Lancester dans la loge. Ce fut donc avec un pénible étonnement qu'elle l'aperçut vis-à-vis d'elle, assis auprès de lady Campbell.

Elle baissa la tête et devint triste.

— Il va venir, dit une voix à son oreille ;
— bientôt !

Susannah se retourna. Il n'y avait personne derrière elle, mais le vaste écran qui fermait la loge voisine se prit à osciller et Susannah crut apercevoir, par l'ouverture que produisait à intervalles égaux le balancement de l'écran, l'insignifiant profil de l'aveugle Tyrrel.

Elle se pencha pour mieux voir, l'écran cessa d'osciller.

Cependant le bon capitaine Paddy O'Chrane, au lieu d'acheter les oranges promises à la rouge et trop crédule tavernière des *Armes de la Couronne*, descendit à pas comptés le grand escalier du théâtre et gagna le péristyle.

Tout en descendant, il se grattait fréquemment l'oreille droite, signe certain d'embarras, et mâchonnait entre ses dents une sorte de jérémiade, où les épithètes les plus contradictoires hurlaient de surprise en se voyant accolées au même nom. — Incidemment et en guise de ponctuation, il priait le diable, suivant son habitude, de le vouloir bien emporter.

Le diable faisait la sourde oreille, regardant à deux fois sans doute à se charger d'un Irlandais de six pieds de long sur six pouces de large, qui devait lui arriver tôt ou tard en enfer, franc de port.

Le capitaine traversa Bow-Street devant le théâtre et s'arrêta au coin de Before-Lane.

— Un homme adroit! murmurait-il; du diable si c'est difficile à trouver à cette heure aux environs de Covent-Garden!... moi-même, j'ai vu le temps, de par Dieu! où j'étais aussi adroit qu'un autre... Mais un homme sûr... c'est autre chose!... Il y a ce coquin repoussant, mon vieil ami Bob, qui volerait la langue d'une femme bavarde avant qu'elle eût le temps de dire seigneur Dieu!... c'est, sur ma foi, la vérité pure!... Mais dites-lui donc de rapporter la langue... ou toute autre chose qu'il aurait volé... autant vaudrait lui redemander mon foulard !

Le capitaine hocha tristement la tête au souvenir de son foulard.

— Quant à ce misérable crapaud de Snail, l'aimable enfant, il est assurément impossible de trouver un animal plus pervers et plus nuisible... Il ira loin, je me fais sa caution, de par Satan ! Mais c'est bien jeune pour travailler en public, sous la lumière du lustre... Il est dit, — ou que Dieu me foudroie ! — que je ne pourrai pas conduire un soir mistress Burnett au théâtre sans qu'il arrive comme cela...

Le capitaine n'acheva pas. Il avait mis sans doute un terme à ses irrésolutions, car il enfila

Before-Lane à grandes enjambées, *pataugeant* dans la boue et ressemblant de loin à un ibis d'Egyte trempant le bout de ses longues jambes dans l'historique et bienfaisant limon du Nil.

Il poussa du pied la porte chancelante de *The Pipe and Pot* et entra.

Le cabaret de Peg Wicth avait une apparence beaucoup plus animée que naguère, et Assy-la-Rousse courait gauchement de table en table, ne sachant auquel entendre.

Madge, impassible, la pipe à la bouche, le chapeau sur la tête, fumait, buvait et ne disait rien,

Mich avait ses deux coudes appuyés sur la table. Sa tête était nue. Une tumeur sanglante apparaissait au dessus de sa tempe et, de temps en temps, une goutte de sang pâle et blanchâtre coulait le long de ses cheveux trempés de sueur et tombait sur son épaule.

Snail buvait, miaulait, chantait, injuriait la sorcière Peg, baisait le rude menton de Madge et jetait le fond de son verre à la tête d'Assy-la-Rousse.

Dans un coin, Loo, stupéfiée par l'ivresse, dansait en chantant un refrain monotone et sourd. Personne ne prenait garde à elle. La pauvre fille, épuisée par cet effort insensé, râlait et suait à grosses gouttes. Sa creuse poitrine haletait. Deux taches écarlates brillaient aux pommettes de ses joues livides.

De temps en temps, elle s'approchait de la table et demandait à boire.

Snail lui versait un plein verre de rhum. Elle buvait et recommençait à danser en tournant sur elle-même dans un espace étroit et tout encombré de débris.

Dans un autre coin Bob-Lantern, attablé devant un petit morceau de fromage moisi, achevait un très frugal repas qu'il arrosait de petite bière.

L'entrée d'un personnage important comme était le capitaine Paddy O'Chrane ne put manquer de faire sensation. Peg se leva à demi par respect; Assy-la-Rousse cassa un verre, Snail vagit comme un matou amoureux; Madge fit une sorte de salut militaire; Loo demanda à boire et Bob-Lantern fit disparaître avec une rapidité magique certain foulard dans lequel il était en train de se moucher.

Il n'y eut que Mich qui ne bougea pas.

— Bonsoir, Peg, laide mégère, dit le capitaine; bonsoir, ma vieille amie... Servez-moi un verre de rhum, Assy; — vous devenez plus sale qu'une serviette de quinze jours, mon cher cœur !

Il fit quelques pas en avant et se trouva bientôt entre Snail et Bob. Ses irrésolutions recommencèrent de plus belle.

Bonsoir, — ou que Dieu me damne! — capitaine, lui dit Snail.

— Mon bon monsieur O'Chrane, prononça respectueusement Bob, je vous salue.

— Ma foi, va pour ce méchant reptile de Snail, le pauvre bijou! murmura Paddy; — cet odieux bandit de Bob est un estimable garçon, mais il me fait peur !

— Aurons-nous l'honneur de boire avec vous, capitaine? demanda Snail.

— Oui, de par Dieu! bambin digne de la roue, mon fils; je boirai avec toi!... et avec le gros Mich, masse stupide, estimable drôle!... et avec ta jolie Madge, comme tu l'appelles, quoique... Mais que me fait cela?... Et même avec Loo, la pauvre fille... Du diable, mon bien-aimé, si on peut boire en plus abominable compagnie... A vos santés !

— A la vôtre ! monsieur O'Chrane, dit par derrière Bob-Lantern, qui huma une gorgée de sa petite bière.

— Bien ! pestilentiel scélérat, bien, Bob, mon camarade ; je n'ai pas besoin de dire ce que je te souhaite... Maintenant, Snail, mon jeune ami, — de par l'enfer ! — parlons sérieusement, si c'est possible.

Snail éclata de rire.

— L'entends-tu, ma jolie Madge ! s'écria-t-il ; — Loo, l'entends-tu ?... Parler sérieusement, un jour de paie, un soir de *fun!*... Allons donc, capitaine!

— Tu ne t'en repentiras pas, Snail.

— Je vous dis, moi, dit l'enfant qui avait, lui aussi, dans la tête plus de genièvre que n'en pouvait supporter sa pauvre cervelle, — je vous dis, capitaine, que je veux m'amuser.

— Eh! bouture de brigand, tu t'amuseras, mon fils... tu t'amuseras après!

— Mais vous ne savez donc pas qu'il y a eu un *regular row* (1) au *spirit-shop* de Bow-Street?..

---

(1) Bagarre, bataille à coups de poing,

— Que m'importe cela, fils mineur de Satan ?

— Ah ! que vous importe !... Regardez l'oreille de Mich, mon beau-frère... Loo est ivre, la bonne fille, sans cela elle rirait bien !... Mich et Turnbull se sont disputés et battus comme d'honnêtes vivans, voyez-vous... Mais les policemen sont venus... Mich et Tom se sont donné rendez-vous ici pour ce soir... Il y aura du *fun* et je ne m'en irais pas quand il s'agirait de la barbe de ma jolie Madge.

— Mais, méchant avorton, s'écria le capitaine indigné, mais mon enfant chéri...

— Ecoutez ! interrompit Snail, qui se ravisa

tout-à-coup, — Mich est un bon garçon, quoiqu'il batte trop souvent la pauvre Loo... si je vais avec vous, donnerez-vous à Mich la place de Saunie l'aboyeur?

— Tout ce que tu voudras, bambin maudit.

— Bien sûr?...

— Bien sûr!

— Tu entends, Mich? tâche de ne pas te faire assommer ce soir, beau-frère... Allons, capitaine!

Loo, épuisée, haletante, dansait toujours en chantant.

Paddy se hâta de prendre Snail au mot et tous deux gagnèrent la ruelle.

Bob se leva doucement et les suivit.

XIX

PENDANT QU'ON CHANTE.

Le capitaine Paddy attira Snail dans l'un de ces enfoncemens obscurs qui abondent sur toute la longueur de la petite ruelle fangeuse, sombre et encaissée que les voleurs et les filles de mauvaise vie ont baptisée Before-Lane.

Avant d'ouvrir la bouche, il prit soin d'éclairer minutieusement ses alentours. Il ne vit personne; il commença.

— Mon cher enfant, dit-il d'une voix grave et dogmatique, — bien qu'on puisse affirmer que, chez vous, la perversité a devancé l'âge, et bien que vous ayez l'âme noire comme le trou le plus noir de cette ruelle maudite, vous n'avez jamais rempli jusqu'ici aucune mission importante... Miauler n'est pas un métier, que diable! ajouta Paddy que son éloquence entraînait vers ses formules accoutumées; — tu ne peux pas, ignoble *scamp*, mon cher petit, — de par Dieu! — miauler toute ta vie. Il faut se faire une position, un sort, ou le diable m'emporte !... Les caisses d'épargne (*saving's banks*) ne sont pas faites exclusivement pour les chiens... Je disais donc, — que le tonnerre m'écrase !.. Hem !.. hem !.. Je disais, vil espoir de Botany-Bay, mon pauvre cher garçon... je suis sûr que je disais, — de par l'enfer ! je disais... Que disais-je, Snail, au bout du compte ?

— Je ne sais pas, capitaine ; répondit Snail.

— Tu ne sais pas, Snail, tu ne sais pas... ni moi non plus... mais je me souviendrai une autre fois... Veux-tu gagner dix guinées ?

— Ça m'est égal, capitaine.

— Comment, ver de terre ! comment, mou

fils!... je te parle de dix guinées... c'est de quoi boire bien des pots de gin, charmant petit coquin; c'est de quoi, sale reptile, payer bien des onces de tabac à ta jolie Madge, — qui est assurément la plus repoussante créature!... Mais ne parlons pas de cela.

Depuis une seconde, Snail avait tourné la tête à demi et n'écoutait plus. Sans sela il eût sans doute très sévèrement relevé l'inconvenante sortie du capitaine à l'endroit de Madge, la belle porteuse à la mer.

Snail n'écoutait plus parce qu'il était fort occupé à suivre les mouvemens d'une masse noire et presque indistincte qui rampait le long des maisons, du côté de *The Pipe and Pot*. Cette masse avançait lentement, mais par un mouvement continu, vers l'enfoncement où avait lieu l'importante entrevue de Snail et du capitaine Paddy.

— Eh bien, limaçon d'enfer ! reprit ce dernier, — qu'en dis-tu ?

— C'est Bob ! murmura Snail ; — est-il curieux, au moins, ce diable de Bob !

— L'enfant est ivre ou fou, pensa Paddy ; — Snail, mon fils, que viens-tu me parler de ce hideux mendiant de Bob-Lantern, notre bon compagnon ?...

— Le voilà, répondit Snail.

— Où ? demanda Paddy en tressaillant.

Snail montra du doigt la masse noire qui continuait de s'avancer lentement.

— C'est Bob, cela! murmura le capitaine ; on peut dire que le cher garçon, la nuit comme le jour, ressemble à un tas de boue!.. Quant à toi, petite peste, Snail, cher trésor, je ne connais pas ton pareil... Du diable si j'avais vu cela, moi qui ai des yeux passables pourtant... Parlons bas... et laisse approcher ce cher ami : je lui dois quelque chose ; n'aie pas l'air de faire attention... Nous disions donc que tu as bonne envie, petit Snail de gagner dix guinées ?

— J'aimerais mieux gagner quinze guinées, capitaine.

— Quinze guinées soit, jeune sangsue! je ne marchanderai pas... Ta besogne est simple et aisée. Tu vas aller chez un fripier où tu achèteras un habit complet de gentleman. Tu fourreras dans ce costume tes maigres os; tu entreras au théâtre et tu iras t'asseoir au foyer... Est-ce dit?

— C'est dit... Bob n'est plus qu'à trente pas.

Le capitaine s'enfonça davantage dans l'angle où il se cachait.

— Laisse-le approcher, mon enfant... Au foyer, tu attendras... tu attendras jusqu'à ce qu'un gentleman vienne te toucher la main comme cela.

Il lui toucha le dessous des doigts d'une certaine façon.

— Mais, dit Snail, comment ce gentleman me reconnaîtra-t-il ?

— Est-ce que j'ai oublié cela? s'écria Paddy ; — je me fais vieux ou le diable m'emporte, graine de pendu, mon cher fils!... Tu mettras à ta boutonnière un bout de ruban jaune.

— C'est bien... Bob n'est plus qu'à vingt pas.

— Laisse-le approcher, mon fils... Ce gentleman te dira ce qu'il faut faire et tu lui obéiras,.. Tiens, voilà cinq guinées pour ton costume d'homme comme il le faut, et cinq guinées, diabolique enfant, pour te donner du cœur. Tu auras le reste après.

— Bien , capitaine... Bob n'est plus qu'à dix pas.

— Ah ! il n'est plus qu'à dix pas, grommela Paddy, — le cher garçon !...

Et, changeant de ton tout-à-coup, il ajouta de manière à être entendu d'un bout de Before-Lane à l'autre :

— C'est la vérité, Snail, de par Dieu ! jeune scélérat... Ce sont les plus fins qu'on trompe le plus volontiers... Vois, par exemple, cet abject pendard de Bob, notre bon camarade, que nous estimons tous comme il le mérite, de par Satan!... Eh bien, Snail, mon fils, dangereuse teigne, Bob est trompé, indignement trompé par cette Tempérance dont il est fou, le pauvre diable!

Bob s'était arrêté court. Snail riait sous cape. Le capitaine serra vigoureusement la pomme de sa canne.

— Je veux que Dieu me damne, reprit-il, si ce n'est pas dommage! Bob est une vivante ignominie, un monceau d'ordures ambulant; mais, — de par l'enfer! — c'est un honorable compère, après tout... Et quand on pense que sa femme l'abandonne pour ce grand drôle de Tom Turnbull...

— Turnbull ! râla Bob avec rage.

— On a parlé ! s'écria Paddy qui s'élança hors de son trou ; — on a parlé ; mort ! — et sang ! — et damnation !... Qui a parlé ?... Un homme ici !... un homme aux écoutes !...

Le capitaine prit sa canne à deux mains et frappa sur Bob à tour de bras. Celui-ci s'enfuit en hurlant.

Snail se tenait les côtes.

— Cela lui apprendra à me voler mes foulards ! murmura Paddy triomphant.

Mais sa vengeance avait été plus loin qu'il ne le pensait. Bob ne sentait pas les coups de canne ; c'était au cœur qu'il était blessé.

Avant de rentrer à *The Pipe and Pot*, il s'appuya, chancelant, à la muraille et serra convulsivement sa poitrine à deux mains.

— Tempérance ! dit-il ; — ah ! Tempérance !... et Turbull !

Il ferma les poings et fit un geste de menace passionnée.

— Ah ! Turnbull !... répéta-t-il.

Quand il rentra au public-house, ce fut auprès de Mich qu'il alla s'asseoir.

Le capitaine Paddy, content du succès de sa comédie, quitta Snail et revint au théâtre de Covent-Garden.

Il oublia, — de par le diable ! — d'acheter des oranges à mistress Burnett, qui ne lui pardonna jamais ce *lapsus* de galanterie.

Snail s'en alla chez un fripier acheter un habit deg entleman.

Au moment où nous rentrons dans la salle sur les pas du bon capitaine, la représentation allait son train. Le second acte de *Freyschutz*, chanté bien ou mal par la troupe tudesque, s'achevait sans encombre. Ceci, à vrai dire, était la moindre chose. Nous autres, *Londonners*, nous donnerions, barbares que nous sommes, le plus bel opéra du monde pour la moitié d'un ballet. Nous n'avouons pas cela tous les jours, mais la vérité finit par trouver une fissure et jaillit tôt ou tard au dehors.

On attendait donc le ballet. Weber était le prétexte de la réunion ; les fines jambes de la signora Briotta en étaient le véritable but.

Pendant qu'on attendait, les visites se continuaient ; chaque loge occupée par des dames s'ouvrait de minute en minute et donnait asile à quelque gentleman qui venait présenter ses respects.

La comtesse de Derby reçut ainsi successivement Lantures-Luces, qui se fit un devoir d'affirmer à Susannah qu'elle avait un ravissant éventail ; ceci, très sérieusement, comme il eut soin de le dire, le cavalier Angelo Bembo, sir Paulus Waterfield, le docteur Muller, le major Borougham et bien d'autres. Susannah se comporta comme si son enfance se fût passée dans ces pensions fashionables où les filles des lords apprennent à se *bien tenir*. Elle parla peu parce qu'elle était triste, mais elle parla bien, et lady Ophelia put remarquer en tout ce qu'elle disait une sorte de parfum poétique, étrange et séduisant à la fois. — Peut-être était-ce le charme de la langue française dont se servait habituellement Susannah et qu'elle parlait en véritable Parisienne.

Vers le milieu de l'acte, Brian de Lancester quitta la loge de lady Campbell. Le cœur de Susannah battit bien fort. Elle attendit, comptant chacun des pas que pouvait faire Brian dans le corridor circulaire. Elle le sentait venir.

L'attente dura une minute. Au bout de ce temps, un léger bruit se fit à la porte de la loge.

— Le voici ! dit la voix mystérieuse à l'oreille de Susannah ; — soyez heureuse, mais soyez prudente !...

La porte s'ouvrit. Brian de Lancester entra.

Il salua respectueusement lady Ophelia et se fit présenter à madame la princesse de Longueville.

Tandis qu'il s'entretenait avec la comtesse, Susannah le contemplait avidement, non point en dessous et à la dérobée, comme ont coutume de faire les jeunes filles, mais la tête haute et sans prendre souci de cacher la puissante attraction qui la portait vers lui.

Brian s'en aperçut peut-être, mais il faisait comme s'il ne s'en fût point aperçu.

— Vous n'étiez pas hier au bal de Trevor-House? dit la comtesse.

— Non, madame, répondit Brian; malgré l'attrait d'un grand bal donné en dehors de la saison, j'ai dû vaquer à mes occupations et vendre toute la soirée des briquets phosphoriques à la porte de milord mon frère.

Ceci fut dit d'un ton simple et avec un grand sérieux.

La comtesse ne put s'empêcher de sourire.

— Pauvre comte! dit-elle ; vous êtes impitoyable pour lui, milord!... Mais vous n'avez pas vendu des briquets toute la nuit, je pense?

— Non, madame ; jusqu'à onze heures seulement... A onze heures, il est arrivé un petit incident que je me ferai un plaisir de conter à Votre Seigneurie... J'étais tranquillement assis sur la première marche de l'escalier de l'hôtel, criant mes allumettes à pleine voix, lorsque l'intendant de mon frère, — un misérable qui se nomme Paterson, milady, — m'a fait, du haut du perron, sommation de déguerpir... Je lui ai naturellement demandé s'il voulait m'acheter un briquet de deux pences... Pour toute réponse, le maraud a lancé sur moi un groom qui m'a gratifié d'une douzaine de coups de canne.

— En vérité, milord ! s'écria la comtesse.

Susannah rougit.

— Comme j'ai l'honneur de l'affirmer à Votre Seigneurie, reprit M. de Lancester... de bons coups de canne, sur ma parole !

— Et qu'avez-vous fait ?

— Je ne suis pas riche, milady, malheureusement... J'ai tiré mon portefeuille, et je n'ai pu donner à ce groom qu'une misérable banknote de cinq livres.

— Cinq livres pour des coups de canne, monsieur !

— Je les eusse payés cent guinées, madame, volontiers et de bon cœur, si mes moyens me l'avaient permis... Oh! voyez-vous, milord mon frère a dû passer une pitoyable nuit!... J'avais là quelques bons amis qui m'ont servi de témoins et j'ai porté plainte devant le magistrat... Il y aura plaidoirie, scandale, milady!... Un frère frappé par le valet de son frère!... Je veux que mon avocat fasse pleurer l'auditoire à chaudes larmes... Il y a de quoi, n'est-ce pas?... Mais veuillez me dire, de grâce, milady, si vous n'avez point aperçu le comte de White-Manor dans la salle.

— Certes, si je l'avais vu, je ne vous le dirais pas, monsieur, répondit la comtesse ; — j'ai vraiment pitié du pauvre lord.

— Merci, madame! répliqua Brian avec une légère emphase ; — c'est quelque chose, lorsqu'on est le plus faible, que d'éloigner de soi la pitié du monde pour la renvoyer, accablante et moqueuse, à son adversaire !

Brian de Lancester se leva en prononçant ces derniers mots ; son œil brillait ; il y avait dans toute sa personne une énergie sérieuse qui faisait grandement contraste avec l'apparence frivole de ses paroles.

Susannah avait compris peu de chose à tout cet entretien. Prenant à la lettre tout ce qu'avait dit Brian, elle croyait deviner qu'il était malheureux. Son cœur bouillait d'indignation à la pensée de l'outrage subi par l'homme qu'elle plaçait tant au dessus des autres hommes. Elle eût voulu le consoler et mettre son amour comme un baume sur cette blessure qu'elle voyait saigner à l'âme de Lancester.

La visite de ce dernier semblait terminée, et Susannah eut peur, car il allait se retirer comme il était venu, sans qu'elle fût pour lui, elle qui l'aimait tant, rien de plus qu'auparavant.

Et quand le reverrait-elle?

La porte de la loge s'ouvrit. Un visiteur entra. Brian, qui avait salué la comtesse et fait un pas vers la porte, se ravisa soudain et vint sans façon s'asseoir auprès de Susannah.

La comtesse causait maintenant avec le nouveau venu.

Ce pouvait être un véritable tête-à-tête.

Brian fut quelques secondes avant de parler. Il couvrait Susannah d'un regard étrange, fixe, continu. La pauvre fille tremblait sous ce regard qui ployait sa vigoureuse nature, et la domptait et la faisait esclave. Un monde de pensées confuses se pressait dans son cerveau, et son cœur battait sourdement dans sa poitrine, comme s'il se fût gonflé tout-à-coup jusqu'à manquer d'espace et d'air.

— Vous êtes bien belle, madame, dit enfin Brian d'une voix grave et triste. — J'aurais mieux fait de ne point vous voir...

Il s'arrêta et prit la main de Susannah, qui ne la retira point.

— Je ne crains pas le ridicule, moi, poursuivit-il ; si l'on m'a trompé pour me railler ensuite, peu m'importe... Il me suffira de votre pardon que j'implore d'avance... On m'a dit que vous m'aimiez, madame ?

— C'est vrai, répondit Susannah.

Brian de Lancester demeura comme étourdi à cette réponse inattendue. Ses yeux se baissèrent involontairement. Lorsqu'il les releva, deux larmes roulaient lentement sur la joue pâlie de la belle fille.

Brian de Lancester était un Anglais dans toute la force du mot. L'émotion et lui ne se connaissaient guère. A cause de cela, justement, lorsque l'émotion trouvait, par impossible, le chemin de son cœur, elle le prenait d'assaut pour ainsi dire. Il fut ému, ému puissamment, et le manteau de froideur où il s'enveloppait d'habitude se déchira comme par enchantement.

— Vous m'aimez! répéta-t-il d'une voix altérée; — hélas! madame, me connaissez-vous?... savez-vous ma folle vie? Moi, je ne vous aime pas, madame; je ne veux pas vous aimer... ce serait cruauté, perfidie, pitié!...

Susannah le regarda et un sourire éclaira sa paupière où ses larmes achevaient de se sécher.

— Vous m'aimerez, dit-elle; oh! vous

m'aimerez!... je le sens; je le sais... votre voix me le dit, malgré vos paroles.

Brian ne répondit pas tout de suite ; il se complut un instant dans la contemplation de cette admirable créature qu'il pouvait faire sienne d'un mot ; il but à longs traits la passion qui jaillissait des yeux demi-clos de Susannah ; il fut vaincu.

— Oui ; je vous aimerai, dit-il enfin d'une voix basse et profonde ; je vous donnerai de moi tout ce que je puis donner, madame... Bien des personnes sages me croient fou, et moi-même, parfois, je ne sais trop que penser... Attendez !!!

Brian prononça ce mot d'un ton sec. Son

œil, qui naguère s'attachait, passionné, sur le beau visage de Susannah, lança vers le fond de la salle un éclair plein d'amertume et de colère.

Il venait d'apercevoir dans une loge de face la figure somnolente et ennuyée de son frère le comte de White-Manor.

— Madame, reprit-il en faisant effort pour reprendre son masque de froideur, — si vous m'aimez encore dans dix minutes, je vous aimerai, moi, toute ma vie.

Il se leva et sortit précipitamment, laissant Susannah stupéfaite.

Lady Ophelia, la charmante femme, n'eut garde de remarquer cet incident, et donna son attention entière au finale du deuxième acte que l'on chantait en ce moment.

Brian de Lancester, cependant, descendit quatre à quatre les escaliers, et ne s'arrêta que dans la rue.

— Johnny, cria-t-il.

Le *cab* qui l'avait amené stationnait à peu de distance. Un homme en descendit.

— Ma boîte et ma veste, Johnny! reprit Brian qui se dépouilla prestement de son élégant frac noir, en s'avançant vers le *cab*.

Johnny retira de la voiture une veste de garçon de taverne et un tablier blanc, comme en portent les gens de service des foyers de théâtre. Brian de Lancester revêtit la veste, ceignit le tablier, prit sous son bras une boîte plate et carrée que lui tendait Johnny, et remonta, toujours courant, les degrés de Covent-Garden.

II

UN ECCENTRIC MAN.

Brian de Lancester, fils puîné de feu Hugh de Lancester, comte de White-Manor, s'était trouvé de bonne heure dans cette situation fausse, presque intolérable, qui est en Angleterre le lot des cadets nobles non membres du clergé. Elevé au sein d'une opulence presque royale, il se trouva tout-à-coup, à la mort de son père, réduit à la portion congrue.

Son frère, grâce aux règles rigoureuses du partage noble, héritait à la fois de la pairie et des neuf dixièmes du patrimoine ; son frère devenait grand seigneur ; lui, au contraire, descendait à un état voisin de la médiocrité.

Brian avait mené jusque-là une vie d'imprévoyance et d'étourderie. L'avenir ne l'avait point préoccupé ; il avait refusé de céder aux observations de sa famille, qui voulait le pousser dans l'Eglise, cet opulent pis-aller des cadets de grande maison ; il avait refusé, parce qu'il connaissait trop le clergé anglican, si puissant, si riche, si fainéant, si complétement inutile, concussionnaire et méprisable!

Brian avait en lui de nobles instincts et une singulière vigueur de volonté. Lorsque mourut son père, il n'était point trop tard pour entrer dans les Ordres, mais il refusa de nouveau.

Tous ces millions mal acquis que les évêques et bénéficiaires anglicans extraient des sueurs du pauvre lui causaient horreur et dégoût. Il se serait cru irrévocablement souillé en posant le pied seulement sur le premier échelon de cette hiérarchie protestante, si monstrueuse dans son organisation, si vaine dans ses résultats.

Il continua de vivre oisif, mais non plus insoucieux. Une colère sourde grondait au dedans de lui contre cette suprême injustice de la loi, qui vient se mettre entre les fils d'un même père pour enrichir l'un aux dépens des autres, et rompre violemment le niveau parmi des enfans que Dieu avait faits égaux.

L'un des princes du fashion de Londres et membre fort influent des clubs de la jeune aristocratie, il ne déclamait point contre le droit d'aînesse, parce que les rancunes du vrai Saxon ne se traduisent point en vides paroles, comme celles des gens de France ou d'Irlande, mais il amassait en soi sa haine et songeait déjà aux moyens de déclarer à cette loi qui le dépouillait une guerre à mort, — une guerre anglaise, patiente, légale, implacable.

Il mangeait, pendant cela, son peu de bien fort galamment et assurait de mieux en mieux sa position d'homme à la mode, en ajoutant à ses autres mérites une nuance des plus foncées d'*eccentricity*.

C'est là un mot que les gens du continent ont traduit, et dont ils abusent volontiers, comme de tout ce qui a rapport au fashion britannique, mais qu'ils ne comprennent point. L'*eccentricity* est, comme l'*humour*, un mot et une chose spécialement, uniquement anglais. Ce qu'il faut pour faire un *eccentric* passable se trouve dans le sang saxon, dans l'air épais de Londres, dans les brouillards de la Tamise, et non pas ailleurs.

Aussi l'*eccentricity*, comme tout ce qui est purement national, jouit en Angleterre d'une vogue immodérée.

Brian, dans sa jeunesse, accomplit de très méritantes excentricités. La plupart de ses exploits ont été attribués à d'autres, en vertu de l'éternelle maxime : *Sic vos non vobis*; mais il lui en reste assez pour sa gloire, et le chef actuel de la maison de Beresford, le très noble marquis de Waterford, qui fut son élève et son frère d'aventures, ne parle jamais de lui que le chapeau bas et la cravache au port d'armes.

Il fit mieux, autrefois : il le copia, et les cokneys applaudirent frénétiquement à ces audacieux plagiats.

Ainsi, pour ne citer qu'un exemple, ce fut Brian qui, en 183., fit paraître la première édition de ce *juggle* (mauvaise plaisanterie), qui a conquis depuis une célébrité européenne.

L'Honorable Pegasus Anticorn, membre du parlement, portait d'effrayantes moustaches, lesquelles moustaches eurent le malheur de déplaire à Brian de Lancester. Un matin, il se rendit au club et annonça son intention formelle de faire disparaître lesdites moustaches. L'Honorable Pegasus Anticorn en fut instruit dans la soirée et se munit d'une paire de pistolets chargés à double charge, dans le but de mourir en défendant ses moustaches.

Le lendemain, le *Times* annonça que l'Honorable Brian de Lancester couperait dans la journée les moustaches de l'Honorable Pegasus Anticorn, membre du parlement.

Celui-ci ajouta un sabre à ses pistolets.

Le surlendemain, on voyait dans Londres des affiches de six pieds de haut qui promettaient cent livres de récompense à quiconque apporterait au domicile de l'Honorable Brian de Lancester les moustaches de l'Honorable Pegasus Anticorn, membre du parlement.

Pegasus mit une cuirasse sous ses vêtemens.

Enfin, le jour suivant, le *Herald,* le *Chronicle* et le *Post* racontèrent que plusieurs gentlemen portant de grosses moustaches avaient été massacrés au sein de leurs familles par des bandits désireux de gagner les cent livres promises.

Pegasus réfléchit, fit venir un barbier et envoya ses moustaches à Brian avec un cartel. Brian lui coupa l'oreille droite d'un coup de pistolet.

Nous pourrions remplir des volumes, des volumes in-folio, de tours semblables exécutés avec le sérieux britannique, et véritablement sublimes d'invention et de gravité burlesques. Malheureusement nous avons autre chose à dire au lecteur.

Comme on le pense, ces plaisanteries coûtaient cher à Brian, qui n'en vit que plus tôt la fin de sa modeste légitime. Un incident hâta sa ruine complète : son frère, le riche comte de White-Manor, ou plutôt l'intendant de ce dernier, fit à Brian un procès que le pauvre *eccentric* perdit faute d'argent et de soins.

Les deux frères ne s'étaient jamais aimés de tendresse fort enthousiaste, et depuis la mort du feu comte, Brian, qui se considérait comme injustement spolié, gardait à son aîné une sourde rancune. Cette occasion la fit éclater soudain ; Brian jura qu'il soutiendrait contre son frère une lutte à mort.

Et il tint parole. — Les armes qu'il choisit furent étranges ; mais il les mania terriblement et frappa sans relâche, de sorte que la blessure se fit, et, une fois faite, resta saignante sans qu'il fût possible de la fermer jamais.

Le comte se repentit alors amèrement d'avoir poussé à bout cet homme que la faveur du monde rendait puissant, et qui, sans passer certaines bornes et en se jouant, jetait à pleines mains l'amertume sur sa vie ; mais il n'était plus temps.

Le comte se ravisa. Il proposa une rente

faible, puis une rente plus forte, puis des milliers de livres; — Brian lui demanda la moitié de son immense fortune : le comte refusa.

Et la guerre continua, guerre merveilleuse du faible contre le fort, où le faible avait toujours l'avantage; guerre où l'un des combattans, armé d'une épingle, piquait, piquait sans cesse un adversaire invinciblement réduit à l'inertie...

Le comte prit le spleen et devint l'homme le plus malheureux des Trois-Royaumes.— Brian, impitoyable dans son attaque de chaque jour, frappa encore, chercha les défauts de cette sensibilité qu'il avait lui-même engourdie, tâta, poussa et fit comme s'il eût voulu introduire jusqu'au cœur son épingle qui piquait en vain maintenant l'épiderme.

Et, chose étrange, dans la lutte, ses auxiliaires étaient ceux que la nature et les lois auraiens dû faire ses ennemis naturels. C'étaient tous de jeunes lords, des héritiers de pairies, des gens qui, dans un temps donné, devaient se trouver vis-à-vis de leurs cadets dans la position où était le pauvre comte en face de son terrible persécuteur. Mais n'en a-t-il pas été ainsi pour tous les temps et pour tous les pays?

Ne se souvient-on plus de ces petits marquis, papillons étourdis, mouches prédestinées à la flamme, qui, dans les années qui précédèrent la révolution française, caquetaient, cabalaient, conspiraient, faisaient de l'impiété, apportaient enfin chacun leur planchette au grand échafaud qui devait être leur dernière salle de bal?

Ainsi faisaient nos jeunes lords. — Ils ne voyaient que le côté plaisant de la conduite de Brian de Lancester ; ils ne comprenaient pas que chacune de ses attaques était un coup fourré porté au droit d'aînesse, un trait de lime qui minait insensiblement les antiques supports de cette loi, magnifique dans sa barbarie, qui est une portion de la force et qui sera peut-être la ruine de la Grande-Bretagne.

Plus les bottes portées par Brian dans cette espèce de duel étaient éclatantes et bizarres, plus le beau monde applaudissait. Le West-

End entier trépignait d'aise lorsqu'on lisait dans les colonnes du *Times* quelque nouvelle comme celle-ci :

« Hier, le noble comte de Wh...-M..., ayant voulu faire une promenade sur la Tamise, a reconnu dans l'un des pauvres mariniers qui conduisaient sa barque l'Honorable B... de L... son frère.

» On dit que Sa Seigneurie a tourné la tête d'un autre côté pour ne pas voir le fils de son père, et qu'elle a ordonné de conduire la barque à la rive.

» Nous vivons dans un temps bien étrange !... etc., etc. »

Ou bien encore :

« Par cette soirée si froide et si humide de dimanche dernier, quelques passans ont reconnu, couché sur la pierre des degrés de la maison du noble comte de Wh..e-M...r, l'Honorable Br... de L....r, frère de Sa Seigneurie.

» On dit, — et nous sommes forcés de le croire, puisque les témoins qui l'attestent sont des gens graves et dignes de foi, — que Sa Seigneurie a fait chasser par ses valets son malheureux frère...., etc., etc. »

Et tout le monde riait à gorge déployée, parce que tout le monde était dans le secret de la comédie. Il n'y avait à ne pas rire que Brian lui-même, lequel accomplissait son œuvre avec tout le sérieux d'un Anglais, perpétrant une atroce plaisanterie, et le malheureux comte, qui perdait le boire et le manger, qui se desséchait, qui jaunissait, qui se *blasait*, comme disait ce coquin d'intendant Paterson, même sur la *marchandise* de l'honnête Bob-Lantern.

C'était fort curieux. Le puissant lord n'osait se montrer dans aucun salon. Il promenait timidement son ennui dans les lieux où il espérait ne point rencontrer son bourreau ; mais Brian semblait avoir une police à ses ordres. En quelque lieu que ce se cachât le comte, il trouvait toujours sur son chemin le visage glacial et railleur de Brian. — Brian, lui, au contraire, était de plus en plus à la mode. Ce duel prolongé semblait à tous les connaisseurs une *eccentricity* de premier mérite. On le fêtait, on se l'arrachait ; il aurait été le LION, à coup sûr, si le marquis de Rio-Santo n'eût supérieurement porté la couronne royale du fashion.

Le rideau s'était baissé pour la seconde fois lorsque Brian de Lancester entra dans la salle, en costume de garçon de taverne. Il avait ouvert sa boîte et la tenait suspendue à son cou par un ruban.

Il fit d'abord le tour du parterre.

—Messieurs, disait-il, achetez, s'il vous plaît, mes pastilles et offrez des bonbons à vos dames... C'est une mode de France... A Paris, on ne peut passer toute une représentation sans manger quelque petit morceau de sucre.

Bien peu achetèrent. Ce n'était pas la coutume, et à Londres on ne se permet que difficilement ce qu'on ne s'est pas permis déjà une fois au moins. — Lorsque Brian arriva devant la loge infernale, ce furent de bruyans bravos et d'enthousiastes applaudissemens.

Brian répéta fort gravement sa formule. Chacun voulut acheter des pastilles, et la boîte de l'*eccentric* eût été vidée en un clin d'œil s'il ne l'eût refermée en disant :

— Assez, messieurs, assez ; il faut qu'il en reste pour là-haut.

En prononçant ces derniers mots, il avait levé les yeux vers la loge où le comte de White-Manor demeurait immobile et ennuyé depuis le commencement de la représentation. Le comte ne s'émouvait pas le moins du monde et ne semblait point s'attendre à l'orage qui grondait au dessus de sa tête.

— Je vous déclare, très cher, s'écria Lantures-Luces, que l'idée est ravissante, ma foi, au degré suprême !... Le fait est que chez nous, — là-bas, — à Paris, on vend des sucres d'orge aux grisettes... Je parle sérieusement... Mais comment diable ! très cher, ferai-je à vous voir quand vous allez être là-haut ?... Je n'ai plus mon longnon... Pour en revenir à votre idée, vrai, — sans plaisanterie, — je la trouve ravissante.

Brian était déjà loin que le petit Français babillait encore.

Il monta aux galeries et promena de loges en loges sa boîte et ses pastilles. Partout on l'accueillait par des éclats de rire. Les dames elles-mêmes trouvaient le tour exquis. Dès qu'il était passé, on voyait les locataires des loges se pencher en dehors et le suivre d'un curieux et encourageant regard.

En sorte que lorsqu'il arriva devant la loge du comte de White-Manor, quatre ou cinq cents binocles étaient braqués sur les deux frères.

On attendait avec une joyeuse impatience. De vrai, cet intermède faisait grand dommage à la pièce, et le chef-d'œuvre de Weber avait tort devant cette héroïque boutade.

— De par Dieu ! Dorothy, mon cher cœur, dit le capitaine O'Chrane à mistress Burnett qui n'avait pu secouer encore sa mauvaise humeur, — je veux que le diable me berce si tous les lords et ladies savent ce qu'ils font. Ne regardent-ils pas comme on pourrait faire d'une bête curieuse ce vagabond en tablier blanc qui vend de la farine sucrée !...

— Ils regardent ce qu'ils veulent, je pense, monsieur O'Chrane, répondit la rancuneuse tavernière, — et vous pouvez voir que ces lords achètent à leurs ladies de cette farine sucrée comme vous l'appelez... Tout le monde n'est pas comme vous, Dieu merci, monsieur O'Chrane.

— C'est bien, Dorothy, c'est très bien... mais, de par Satan, madame, vous êtes une...

— Que suis-je, monsieur O'Chrane ?

Le capitaine enfila un chapelet de jurons qui n'eut pas moins de trois douzaines de patenôtres, mais il n'osa pas dire à mistress Burnett ce qu'elle était.

Brian de Lancester venait de s'arrêter devant la loge du comte de White-Manor. Il demeura quelques instants immobile pensant que sa seule présence attirerait l'attention de son frère ; mais il était loin de compte. Le lord, plongé dans une sorte de somnolence chagrine, tournait le flanc au théâtre et regardait fixement d'un air absorbé la paroi de sa loge qui lui faisait face.

Brian, las d'attendre en vain, éleva sa boîte et en frappa doucement l'appui de la loge.

Le comte de White-Manor tourna les yeux avec impatience. — Lorsque son regard tomba sur Brian, il tressaillit de la tête aux pieds, comme on fait au choc d'un appareil voltaïque. Sa face devint verdâtre, ses yeux morts s'allumèrent et sa lèvre se prit à trembler sans produire aucun son.

La salle entière faisait silence.

— Milord mon frère, dit Brian d'une voix claire et sérieuse qui pénétra dans le plus éloigné recoin de la loge la plus reculée, — achetez une boîte de pastilles au fils de votre père, pour qu'il puisse, lui, acheter du pain !

La loge infernale applaudit. — Le parterre, sans savoir pourquoi, applaudit de même ; — les galeries, imitant le parterre, crièrent bravo, et Paddy lui-même, dans l'innocence de sa bonne âme, poussa un « Dieu me damne! » approbateur.

Les loges où il y avait des dames furent moins bruyantes, mais plus d'un joli visage se cacha derrière son éventail pour sourire, et lady Campbell déclara que Brian de Lancester était un mauvais plaisant de la plus adorable espèce.

Lord de White-Manor, cependant, objet de toute cette outrageante curiosité, demeurait comme frappé de la foudre.

— Eh bien! milord mon frère? dit l'implacable Brian.

Le comte ouvrit la bouche comme s'il allait parler. Le silence se rétablit comme par enchantement.

Mais on entendit que la voix grêle du vicomte de Lantures-Luces qui disait :

— Je vous affirme sous serment, très chers, que je donnerais trois napoléons pour avoir mon lorgnon... Je parle sérieusement!... Je ne vois rien du tout!

Le comte, incapable de prononcer un mot, avait jeté à son frère un regard de sang et tiré le rideau de sa loge par un dernier effort. — On ne le voyait plus.

En ce moment même, il se fit dans les hautes galeries et au parterre un tapage infernal. Une foule nouvelle se rua tumultueusement sur les spectateurs déjà placés. On jura, on se battit ; on prit d'assaut tous les siéges inoccupés et même une partie des siéges occupés. — Il était neuf heures et demie ; c'était le moment de l'*entrée à moitié prix* : privilége bien cher à la populace de Londres, et dont elle abuse de la façon la plus grossièrement impudente que l'on puisse imaginer.

Brian put s'échapper à la faveur de cette

bagarre. Johnny reprit sa boîte à pastilles et lui rendit en échange son costume fashionable.

Pendant cela, une scène étrange se passait dans la salle.

A l'instant où le tumulte de l'entrée à demi-prix commençait à se calmer, on entendit dans l'une des loges d'avant-scène un cri de femme, un cri de détresse et de terreur.

Il partait de la loge qui touchait immédiatement la scène et où lady Jane B... attendait seule la venue de son illustre protecteur.

Tous les regards qui s'étaient précédemment portés vers le fond de la salle pour jouir de la confusion du comte de White-Manor se tournèrent du côté du théâtre.

On vit lady Jane B... pâle, les traits décomposés, s'élancer impétueusement dans le couloir en criant au secours, — et, presque aussitôt, sur le devant de sa loge se montra le visage inerte de Tyrrel l'Aveugle, que le monde connaissait sous le nom de sir Edmund Makensie.

FIN DU DEUXIÈME VOLUME.

TABLE.

SUITE DE LA PREMIÈRE PARTIE.

IX. — Le centre d'une toile d'araignée	3
X. — Faits et gestes de Bob-Lantern	37
XI. — Mors ferro nostra mors	85
XII. — La fiole	111
XIII. — Le petit lever	139
XIV. — Un tête-à-tête	165
XV. — The Pipe and Pot	193
XVI. — Inventaire de poches	223
XVII. — La queue des équipages	249
XVIII. — Un entr'acte	277
XIX, — Pendant qu'on chante	321
XX. — Un eccentric man	351

En vente chez les mêmes Éditeurs.

LE DOCTEUR ROUGE

PAR JEAN LAFITTE,

Auteur des Mémoires de Fleury.

3 vol. in-8°. — Prix : 22 fr. 50 c.

LA JEUNESSE
D'ÉRIC MENWED

Roman historique, traduit du danois d'INGEMANN,

PAR W. DUCKETT.

4 vol. in-8°. — Prix : 30 fr.

Imprimerie de BOULÉ et Cⁱᵉ, rue Coq-Héron, 3.

www.ingramcontent.com/pod-product-compliance
Lightning Source LLC
Chambersburg PA
CBHW050422170426
43201CB00008B/504